EN FINIR AVEC LA PRODUCTIVITÉ

Laetitia Vitaud

EN FINIR AVEC LA PRODUCTIVITÉ

Critique féministe d'une notion phare de l'économie et du travail

PAYOT

Retrouvez l'ensemble des parutions
des Éditions Payot & Rivages sur

www.payot-rivages.fr

INTRODUCTION

La productivité : voilà un mot qu'on utilise à toutes les sauces, au travail et dans la vie. C'est le genre de concept qui est simple vu de loin, mais franchement complexe quand on cherche à y comprendre quelque chose. Qu'est-ce qui se cache derrière ce mot et son omniprésence ? On parle autant de la productivité d'un pays que de celle d'un individu. Elle est à la fois un indicateur officiel de l'économie nationale et une injonction floue à la performance individuelle, un outil « scientifique » et un objectif fumeux du développement personnel et professionnel.

Or, si la productivité était décisive à l'ère industrielle, son intérêt aujourd'hui et surtout sa place prédominante dans le système économique du XXIe siècle laissent perplexe. Dans l'industrie automobile, on pouvait mesurer clairement le nombre de voitures produites par heure de travail d'homme ou par unité machine. Le « rapport du produit aux facteurs de production » avait un sens. On pouvait isoler la contribution respective de chaque facteur de production (travail ou capital) et son évolution. Si une heure de travail humain produisait plus que l'année passée, alors le travail avait *gagné* en productivité.

De là découle l'importance de la productivité aux yeux des économistes et des politiques. Les gains de productivité signifient qu'on crée plus de valeur ajoutée et, *in fine*, plus de richesse avec le même volume de travail et de capital. Les gains de productivité sont donc un contributeur direct au développement et à la croissance économique d'un pays comme d'une entreprise.

De façon plus indirecte, les gains de productivité contribuent aussi à la réduction des inégalités. Certes, l'omniprésence du concept de productivité n'est pas toujours allée de pair avec la justice sociale... mais au cours du XXe siècle, les ouvriers ont su utiliser sa mesure pour réclamer un meilleur partage de la valeur ajoutée créée. Quitte à n'être qu'une partie aliénée d'un ratio économique, autant réclamer des sous. Les syndicats parlaient la même langue que les économistes et les politiques : ils utilisaient la productivité dans les négociations collectives.

Le sujet de la productivité, cependant, devient plus complexe et discutable quand on s'éloigne des usines. Dans les services à la personne notamment, dominés par les femmes sous-payées, elle est un mythe délétère. Dans l'économie de la connaissance, elle est souvent insaisissable. Et elle s'est immiscée dans notre intimité pour nous pourrir la vie : elle n'indique plus seulement la performance de nos heures de travail mais devient juge de la valeur de notre être tout entier. Alors que la part industrielle de la productivité humaine (la valeur produite dans les usines) s'est amenuisée, le concept de productivité est devenu de plus en plus envahissant voire toxique.

L'un de ces problèmes, peu traité dans les publications, est celui de son sexisme. Dans l'industrie d'autrefois, un monde d'hommes, elle s'est construite sur le dos de femmes pas payées (celles qui restent à la maison pour préparer la popote et s'occuper des enfants). Hors de l'industrie, là où la productivité est réputée « faible » et atone, sa mesure sert à mieux exploiter les femmes : dans les métiers du soin et des services à la personne où elles sont nombreuses, la productivité est dite « faible », ce qui justifie qu'on les paye mal. Enfin, là où la vie privée et la vie professionnelle se brouillent, elle détruit leur santé mentale : elle ignore leurs charges mentale et émotionnelle et provoque des burn-out.

Ce que l'on mesure dans la productivité ignore tant de choses... Une heure de travail humain est plus ou moins *productive* en fonction de facteurs essentiels (être bien nourri, être en bonne santé physique et psychique), qui requièrent eux-mêmes du travail. Tout comme le PIB (produit intérieur brut) ignore les externalités négatives comme la pollution et l'exploitation, la productivité est un indicateur aveugle qui ignore les rapports de force et les réseaux de relations.

En particulier, la productivité nie complètement le travail gratuit. Hier (et encore aujourd'hui), c'est le travail des esclaves qui était nié. On peut aller jusqu'à dire, comme l'ont fait certains historiens de l'esclavage américain, que la pensée productiviste moderne a des racines esclavagistes. Quand elles ne sont pas elles-mêmes esclaves, ce sont les femmes qui assurent l'essentiel du travail gratuit d'aujourd'hui, celui qui *reproduit* la force de travail, nourrit et soigne les travailleurs et les enfants à domicile.

Se pourrait-il que les pays où les travailleurs sont les plus productifs soient aussi les plus sexistes ? En Allemagne ou au Japon, par exemple, une heure de travail d'ouvrier incorpore davantage de travail gratuit ; sa productivité est donc artificiellement plus élevée. Évidemment qu'on est plus *productif* quand on n'a ni charge mentale, ni charge émotionnelle, ni gamelle à préparer parce qu'une bonne épouse s'occupe de tout ça à la maison !

Récemment, la pandémie a fait ressurgir de nombreuses questions sur le travail, son organisation et sa définition. Comme de plus en plus de personnes travaillent à domicile, les habitudes de bureau et le présentéisme se transforment. Selon les emplois, soit les anciennes méthodes sont (mal) reproduites à distance et le travail devient encore plus aliénant, soit les travailleurs se retrouvent avec plus d'autonomie… et plus de questions existentielles sur le pourquoi de leur travail. Certains travaillent trop. D'autres gagnent trop peu (devinez qui ?).

Le premier axe de la productivité est économique. Le second est individuel et culturel. Les publications de développement personnel sur les « secrets » de la productivité sont devenues un genre à part entière, qui fait les choux gras des médias sur internet. Routine du matin, routine du soir et recettes de toutes sortes pour mieux remplir sa journée nous font croire chaque jour qu'avec un peu plus d'efforts et d'ingéniosité, on pourrait faire beaucoup plus en 24 heures. J'ai fini par comprendre qu'il s'agit d'un mirage qui nourrit plutôt mon sentiment de ne jamais en faire assez.

Qu'il s'agisse du collectif ou de l'individu, soit la productivité est biaisée et ignore ce qui est important, soit elle est délétère et détruit ce qui compte le plus. En isolant les facteurs, elle nie le caractère déterminant des interactions entre les individus, des jeux de pouvoir, des externalités sur l'environnement et de la répartition des richesses. La productivité a le malheur de ne pas être *écologique,* au sens étymologique du terme, puisqu'elle ignore à la fois les interactions des êtres vivants avec leur environnement et celles des individus entre eux dans cet environnement.

D'ailleurs, la productivité est-elle vraiment *économique* ? Peut-être est-ce parce que l'économie s'est constituée en tant que discipline intellectuelle à l'âge industriel, et donc sans les femmes, qu'elle s'est fourvoyée à ce point sur la question de la productivité ? Elle aurait aujourd'hui besoin d'une bonne dose de féminisme pour devenir plus intelligente et plus humaniste – et offrir au système sa capacité à survivre à la crise environnementale. Avec cette critique féministe d'un concept qui domine l'économie et la politique, je voudrais inviter les lecteurs à porter un autre regard sur le travail et son économie.

PREMIÈRE PARTIE

Petite histoire du concept de productivité

Cela peut paraître un peu abstrait de commencer une critique de la productivité par une partie sur l'histoire des idées. Mais la productivité est d'abord le concept phare d'un système qui soutient une manière de voir le monde et ensuite de distribuer les richesses. Le XIX*e siècle a donné naissance à notre économie moderne. C'est l'ère industrielle qui a fait de la productivité un pilier de notre système global de pensée. Elle nous a donné la productivité et le PIB, ces concepts qui permettent aujourd'hui de mesurer, taxer et distribuer la valeur économique.*

La productivité en tant que concept entretient une division sexuée du travail et la dévalorisation de l'apport des femmes à notre économie. En effet, son histoire, des origines de l'industrie jusqu'au XXI*e siècle, fait la part belle à la productivité masculine tandis que le travail féminin représente une sorte d'angle mort, qu'il soit gratuit et domestique ou payant sur le marché des services. Bien que les femmes représentent depuis plusieurs décennies près de la moitié des travailleurs « productifs » de nos économies occidentales, beaucoup d'économistes continuent de dénigrer* *la production féminine en maniant comme une arme redoutablement misogyne le concept de productivité.*

À cet égard, les penseurs du XX*e siècle ne sont pas bien différents de leurs aînés du* XIX*e siècle. Ils ont largement repris l'arsenal productiviste industriel des économistes d'autrefois... et continué d'entretenir son gigantesque angle mort. C'est pour cela qu'il est important de remonter un peu dans l'histoire pour mieux comprendre cet héritage.*

Ne vous étonnez pas si je consacre plusieurs pages à Adam Smith et Karl Marx ! Leur influence s'est étendue bien au-delà de la Révolution industrielle. Ils sont les pères fondateurs de notre économie orthodoxe – et sexiste, nous le verrons. Aujourd'hui, nous commençons à peine à la remettre en question, notamment grâce à des penseurs (et penseuses) hétérodoxes qui contestent cet héritage.

L'*Homo œconomicus* d'Adam Smith est un assisté

La productivité doit beaucoup à celui qui est aujourd'hui considéré comme le premier économiste de l'histoire. Adam Smith, philosophe écossais du XVIIIe siècle, s'intéressait autant à la morale qu'à l'économie. Dans son livre le plus célèbre, *La Richesse des nations* (1776), il pose les bases théoriques de la productivité. Selon lui, c'est la division du travail qui permettra à terme l'enrichissement de la société. Cela tombe à pic pour la Révolution industrielle qui bouleverse la fabrication du textile au Royaume-Uni à l'époque de Smith.

La division des tâches et la productivité

L'époque d'Adam Smith n'est pas encore celle des usines omniprésentes du siècle qui suivra. La première Révolution industrielle britannique, à la fin du XVIIIe siècle, lui est contemporaine. S'il aperçoit les changements économiques dans son pays, Smith n'en est pas moins précurseur car le Royaume-Uni est encore dominé par l'économie agricole rurale et l'artisanat. Et peu de penseurs avant lui se sont intéressés à l'industrie naissante. Smith est donc novateur.

Afin d'illustrer l'intérêt de la division des tâches pour la productivité, il développe le célèbre exemple de la manufacture d'épingles. Certains critiques un peu taquins prétendent qu'il n'aurait jamais mis les pieds dans une fabrique d'épingles. Cela ne l'a pas empêché de développer son raisonnement à partir de cet exemple : quand le même homme faisait toutes les tâches nécessaires à la fabrication d'une épingle, il ne pouvait espérer en produire que quelques dizaines dans la journée.

En revanche, quand les tâches sont subdivisées en opérations distinctes faites par plusieurs hommes, ce sont des milliers d'épingles qui peuvent être produites. Dans l'organisation, la production de chaque individu est considérablement décuplée quand chacun se spécialise sur une tâche. C'est le début de la *productivité*. En réorganisant le travail autour d'une division des tâches, on peut produire beaucoup plus et s'enrichir.

Certes, la spécialisation des tâches rend le travail plus ennuyeux et répétitif. Certes, elle fait perdre aux travailleurs leur savoir-faire artisanal. Mais pour Smith, cela est largement compensé par l'augmentation de la richesse qu'elle rend possible. Et puis, on peut compter sur autre chose pour avancer vers le toujours mieux : la « main invisible », constituée par l'ensemble des actions individuelles de gens qui poursuivent leur propre intérêt et contribuent ainsi au bien commun.

Cette idée que l'on pourrait voir aujourd'hui comme le trope le plus éculé de l'économie classique a construit pour plusieurs siècles les fondamentaux de l'économie en tant que discipline, comme manière de voir le monde. Les actions des individus qui comptent sont celles qui sont motivées par l'égoïsme individuel. « *Ce n'est pas de la bienveillance du boucher, du brasseur ou du boulanger que nous attendons notre dîner, mais plutôt du soin qu'ils apportent à la recherche de leur propre intérêt. Nous ne nous en remettons pas à leur humanité, mais à leur égoïsme.* »

Homo œconomicus : *la créature d'Adam Smith*

C'est ainsi qu'est né l'*Homo œconomicus* rationnel et maximisateur sur lequel toute l'économie classique se fonde. Cet homme a un travail ennuyeux mais ce n'est pas grave parce que, ainsi, il produit plus. Il se lève le matin plein d'énergie avec une liste de tâches pour maximiser ses gains. Quand il échange avec quelqu'un, c'est dans son intérêt. Heureusement, les autres font comme lui, donc ça *maximise* les gains pour la société dans son ensemble.

Les esprits les plus critiques diront que c'est un peu trop facile de se moquer de Smith avec notre regard contemporain. Il était novateur au siècle des Lumières – sa pensée a nourri la libéralisation d'une société où les individus étaient écrasés par le déterminisme social. Et sa philosophie n'ignorait pas les considérations morales et les réflexions sur le bonheur – la pensée de Smith ne se résume pas à la division du travail et à la main invisible. En d'autres termes, sa pensée était plus profonde et complexe que le résumé sommaire que je viens d'en livrer ici.

À travers Adam Smith, cependant, c'est toute la base de l'économie classique qu'il s'agit de discuter. L'*Homo œconomicus* qu'a conceptualisé Smith a tant compté dans l'histoire qu'on a encore du mal à penser l'économie sans lui. L'histoire qui a suivi Smith a oublié la subtilité de sa pensée pour ne garder que quelques concepts comme l'homme rationnel et la « main invisible ».

Oui, il y a bien aujourd'hui un courant nouveau de l'économie qui s'est libéré de l'*Homo œconomicus* et qui accepte notre rationalité limitée. Nous sommes parfois *irrationnels* et nous ne maximisons pas toujours nos gains individuels. Il s'agit de l'économie « comportementale ». Mais ce courant de l'économie est appelé *hétérodoxe* parce qu'il ose contester la rationalité de nos comportements. Pour y parvenir, l'économie comportementale a emprunté les outils conceptuels et méthodologiques de la psychologie pour analyser les comportements économiques.

On pourrait penser que l'économie comportementale marque la fin de l'économie classique, mais ce n'est pas encore le cas. Dès qu'il s'agit de mesurer la « valeur » économique, de la taxer et de la redistribuer, c'est encore sur l'*Homo œconomicus* qu'on se repose. La productivité et le PIB, deux concepts qui émanent entièrement de lui, continuent de guider largement nos politiques publiques.

*La « môman » d'Adam Smith… et d'*Homo œconomicus ?

La pensée de Smith a tant marqué l'économie et notre manière de conceptualiser le monde moderne qu'il est important de considérer l'immense faille de sa pensée. Il avait un angle mort terrifiant. En effet, pendant qu'il écrivait ses livres et pérorait sur les bienfaits de l'égoïsme individuel, quelqu'un lui préparait des bons petits plats, lui lavait ses vêtements et le soignait quand il avait un rhume… essentiellement par amour, sans rémunération. Que serait devenu Adam Smith sans sa mère, Margaret Douglas[1] ? se demande en substance Katrine Marçal dans un livre intitulé *Le Dîner d'Adam Smith*[2]. « Ce fils est ingrat : pas une ligne dans ses écrits sur le travail indispensable mais invisible de l'abeille qui s'affairait autour de lui sans en tirer aucun profit. Le péché originel de l'économie gît ici, chez ce vieux garçon qui n'a pas compris que derrière tout homme qui réussit il y a des femmes qui triment », écrit-elle.

La question « d'où vient notre dîner ? », qu'Adam Smith s'est posée lui-même, est une

1. Je me permets cette note parce que Margaret Douglas n'est pas mentionnée dans beaucoup de livres. On ne sait rien d'elle, si ce n'est qu'elle devait aimer son fiston et l'a sûrement bien bichonné. Il existe un portrait d'elle par Conrad Martin Metz à la Kirkcaldy Gallery à Fife, en Écosse.

2. Katrine Marçal, *Le Dîner d'Adam Smith. Comment le libéralisme a zappé les femmes,* traduction d'Hélène Hervieu, Paris, Les Arènes, 2019. Ce livre est une version délayée de sa conférence TED intitulée « How Economics Forgot About Women ».

bonne question. Quels sont tous les échanges, activités et réseaux qui rendent possible ce miracle d'un repas composé de tant de savoir-faire différents (meunier, boulanger, maraîcher, brasseur, boucher) ? Comment se font la production et la distribution de tous les aliments dont on se nourrit ? Après tout, la question (assez proche) que l'on se pose le plus au sein des foyers, c'est : « *Qu'est-ce qu'on mange ce soir ?* » C'est donc opportun que l'économie se préoccupe de ce sujet essentiel. Mais elle le fait en omettant malencontreusement tout le travail qui ne se fait pas contre rémunération : celui de la personne qui prépare le repas, qui l'imagine, le confectionne et le met dans l'assiette et qui fait la vaisselle...

Margaret Douglas était-elle elle-même un *Homo œconomicus* ? A-t-elle préparé et servi le dîner d'Adam mue par son intérêt propre ? En partie oui, sans doute. Après tout, ce n'est pas comme si des carrières plus rémunératrices s'offraient à elle dans l'Écosse du XVIIIe siècle. Il fallait bien qu'elle mange elle-même. Son rôle de femme au foyer la faisait vivre. Mais elle a probablement agi aussi par amour et par générosité. Et puis le meunier, le boulanger et le boucher n'ont pu produire que parce que quelqu'un d'autre s'occupait de leur foyer, de leurs enfants et de la préparation de leurs repas. Autrement dit, une énorme partie de ce qui rend chaque dîner possible a été fâcheusement oubliée dans le système dessiné par Smith.

La naissance du mythe masculiniste de la productivité

Il y a autre chose de curieux à propos de l'*Homo œconomicus*, souligne Marçal. Comment se fait-il que tous les traits pris en compte par l'économie – la rationalité, l'indépendance, l'égoïsme, l'esprit de compétition, l'ambition – soient ceux qu'on associe culturellement plus volontiers au « masculin », tandis que ceux qu'elle ignore – l'irrationalité, la vulnérabilité, la dépendance, le sens du sacrifice, les émotions, le corps – sont ceux qui évoquent l'univers « féminin » ? (J'emploie les guillemets car aucun de ces traits n'est génétiquement sexué dans la réalité.)

Au siècle des Lumières, en même temps qu'on a fait d'*Homo œconomicus* l'être générique *universel* qui allait instruire et modeler la science économique naissante, on a explicitement exclu les femmes de cet universel en les associant à ce qui est *naturel* et irrationnel. Au nom de la science, on en a fait les subordonnées des hommes. « La femme est faite pour céder à l'homme et pour supporter même son injustice », a d'ailleurs écrit Jean-Jacques Rousseau[1]. *Il y a l'Universel, mais vous n'en êtes pas, désolée.*

1. Je ne résiste pas à l'envie de vous offrir une autre citation de Rousseau. Il faut dire que, depuis le lycée, je n'ai pas digéré mes cours de phallo-philo « universelle ». Toujours dans *L'Émile ou De l'éducation* (1762), il a écrit : « Toute l'éducation des femmes doit être relative aux hommes. Leur plaire, leur être utiles, se faire aimer et honorer d'eux, les élever jeunes, les soigner grands, les conseiller, les consoler, leur rendre la vie agréable et douce : voilà les devoirs des femmes dans tous les temps, et ce qu'on doit leur apprendre dès l'enfance. » Les « Lumières », vraiment ?

Mais surtout, ne nous accusez pas de défendre nos intérêts masculins puisque nous parlons d'Universel ! C'est rudement efficace comme rhétorique quand on y pense.

L'héritage de tout cela, c'est qu'aujourd'hui les indicateurs qui inspirent nos politiques ne tiennent pas ou peu compte du travail non rémunéré des mères (et des pères), du soin, du nettoyage, de la cuisine, de l'aide apportée aux personnes âgées. Alors que leur proportion augmente fortement dans la population à mesure que la transition démographique se poursuit, ce travail non valorisé pourrait occuper une place encore plus importante. Il est d'autant plus nécessaire de mieux l'appréhender et de rectifier le tir. Même quand ces activités sont rémunérées, ce sont les moins valorisées de notre économie. Ce qui compte le plus, l'amour, l'amitié, la santé, reste ignoré ou mal mesuré. L'*Homo œconomicus* et sa productivité nous auront décidément fait beaucoup de mal.

Le travailleur de Marx n'est pas une travailleuse

Je vais me pencher sur une deuxième icône de la discipline : Karl Marx, philosophe et économiste du XIXe siècle. Marx, comme Smith, est un économiste classique. L'un et l'autre ont mis le travail au centre de leur réflexion. À un siècle d'écart, ils ont façonné leur vision du monde autour de la Révolution industrielle. À ce titre, ils sont deux piliers essentiels de la pensée productiviste. Leur héritage respectif peut sembler avoir influencé deux pôles irréconciliables et avoir produit des courants politiques opposés. En réalité, leurs systèmes de pensée se rejoignent sur des points essentiels : la primauté du travail *productif* et le même angle mort sur les femmes.

La division sexuée du travail : production *masculine et* reproduction *féminine*

L'écrivaine féministe Batya Weinbaum a analysé *Le Capital* dans une optique féministe[1]. Elle estime

1. Batya Weinbaum, *The Curious Courtship of Women's Liberation and Socialism*, Boston, South End Press, 1978.

que Marx fait une énorme omission en ne regardant pas la division sexuée du travail – les tâches domestiques qui reviennent aux femmes et la production à l'usine qui ressortit surtout aux hommes. Il serait passé à côté de la composante patriarcale du capitalisme. Quand il discute de la manière de déterminer la valeur de la force de travail, Marx se réfère continuellement à l'ouvrier moyen, un concept qui est pour lui interchangeable avec celui de l'homme adulte moyen.

Marx reprend la théorie de la valeur-travail développée chez Smith : la valeur d'un bien dépend de la quantité de travail nécessaire à sa fabrication. Pour lui, le travail est à l'origine de *toute* valeur d'échange. La différence entre le salaire payé et la valeur créée est une *plus-value* empochée par les capitalistes. Cette plus-value est augmentée en les faisant travailler plus pour le même salaire ou en faisant des gains de productivité qu'on ne leur restitue pas.

Le salaire payé au travailleur, fixé par le capitaliste, doit correspondre uniquement à ce qu'il faut pour la survie du travailleur, c'est-à-dire à la *reproduction* de sa force de travail (pour qu'il puisse revenir travailler le lendemain). Ce salaire est censé couvrir la préparation des repas, le soin du corps et l'entretien du foyer de l'ouvrier. La *reproduction*, c'est aussi prendre soin de la force de travail à venir, c'est-à-dire des enfants. Un salaire de « survie » devrait donc couvrir *production* et *reproduction*, c'est-à-dire inclure l'entretien de la femme et des rejetons de l'ouvrier[1] – une paille,

1. J'ai toujours envie de demander : et les femmes non mariées, alors ? Et qu'en est-il de celles qui travaillent à l'usine ? (Il y en avait beaucoup du temps de Marx !)

convenons-en ! Ainsi, le travail féminin domestique est *subordonné* au travail de l'ouvrier et *couvert* par le salaire de ce dernier.

Pour Marx, il existe une contradiction inhérente au capitalisme qui conduit à la baisse tendancielle du taux de profit. Les capitalistes ne peuvent faire de profit que sur le facteur travail mais la pression de la concurrence les pousse à s'équiper de toujours plus de machines. La part du capital dans les facteurs de production a donc tendance à augmenter relativement au travail. Par conséquent, le taux de profit a tendance à baisser. Pour contrecarrer cela, les capitalistes doivent exploiter toujours plus les travailleurs, jusqu'à leur payer un salaire inférieur à ce qui est nécessaire à leur survie. Cette tendance a donc aussi pour conséquence la paupérisation des personnes dépendantes du salaire de l'ouvrier, c'est-à-dire les femmes. Mais cet élément n'est pas central dans la pensée marxienne, et c'est un vrai problème.

La concurrence entre les travailleurs

L'augmentation de la part du capital dans la production finit par mettre plus d'ouvriers au chômage. La mise en concurrence des travailleurs entre eux aide les capitalistes à exercer une pression à la baisse sur les salaires. La surpopulation relative des travailleurs contribue à la constitution d'une « armée industrielle de réserve », laquelle, à son tour, aide les capitalistes à mieux exploiter les travailleurs avec la menace du licenciement. Les travailleurs précaires de l'armée de réserve n'étant pas syndiqués, cela accélère la paupérisation des ouvriers.

Cette vision des choses a été reprise par de nombreux marxistes du XXe siècle, qui ont vu la montée du nombre des femmes dans les usines comme une concurrence dangereuse. Si les femmes renforcent l'armée industrielle de réserve, elles risquent de contribuer à paupériser les ouvriers mâles. C'est pour cela que les syndicats les ont mal (ou pas du tout) défendues : ce sont les professions et les secteurs où les hommes étaient les plus nombreux qui ont obtenu de fortes augmentations de salaire grâce à la négociation collective. Les salaires des femmes sont restés inférieurs. La « solution » a consisté à cantonner ces dernières à certaines activités dites « féminines » qu'on s'est accordé à moins valoriser, en particulier celles hors des usines qui servent la *reproduction* de la force de travail.

En encourageant l'essentialisation « féminine » de certaines activités, on a tenté de créer une étanchéité protectrice entre l'armée de réserve féminine et les travailleurs masculins en place[1]. On a ainsi protégé certaines activités masculines de la concurrence féminine. Directement ou indirectement, l'entretien de la ségrégation des activités et des métiers doit beaucoup aux idées marxiennes. On comprend pourquoi les métiers des services de proximité (dont

1. Parfois, on a même activement enfermé le travail féminin à domicile : le gouvernement de Vichy, par exemple, prônait clairement le retour des femmes au foyer. Il a érigé la fonction maternelle en statut social protégé. Avec la loi du 11 octobre 1940, l'État français interdit l'embauche des femmes mariées dans les services de l'État et autres administrations publiques et semi-publiques. Après la guerre, la montée en puissance du travail féminin rémunéré, hors du domicile, a accompagné l'émancipation des femmes.

une majorité est liée au *care*) sont moins valorisés, et pourquoi les femmes sont si souvent moins payées que les hommes.

Le féminisme de Marx

Contrairement à Adam Smith, Marx a tout de même influencé le féminisme dont une branche « néomarxiste » (en vogue dans les années 1970) reprend sa conception matérialiste de l'histoire, c'est-à-dire l'idée que les événements historiques sont déterminés par l'économie (ce qui est *matériel*), et en particulier le rapport de force (conflictuel) entre les travailleurs et les détenteurs de capital. Chez les féministes néomarxistes, les femmes sont en quelque sorte les « prolétaires » des hommes et ce qui fera l'histoire (féministe) est déterminé par ce que la classe féminine arrivera à « reprendre » à la classe masculine.

Parmi les féministes néomarxistes, on peut citer Silvia Federici, dont le chef-d'œuvre *Caliban et la Sorcière,* publié en 2004, a été réédité plusieurs fois depuis[1]. Dans ce livre, Federici analyse ce moment charnière de l'histoire qu'est la chasse aux sorcières des XVIe et XVIIe siècles. Elle observe que l'asservissement des femmes (notamment le fait qu'elles

1. La dernière version française de ce livre écrit en anglais date de 2017 aux éditions Entremonde. Depuis le triomphe de *Sorcières* de Mona Chollet (Paris, Zones/La Découverte, 2018), qui rend abondamment hommage aux travaux de Silvia Federici, *Caliban et la Sorcière* connaît un joli succès en librairie plus de quinze ans après sa première publication.

soient exclues des activités rémunérées) semble s'être accentué avec la Renaissance, en même temps qu'avait lieu la chasse aux sorcières dont l'objectif était de renforcer un ordre social genré. Loin d'être une donnée « naturelle », le cantonnement des femmes à la sphère domestique est pour elle consubstantiel au capitalisme moderne.

La chasse aux sorcières a en quelque sorte été une police de la division sexuée du travail : le travail gratuit domestique aux femmes ; le travail rémunéré valorisé aux hommes. Pour Federici, cela permet de comprendre comment cet héritage historique influence encore notre société moderne dans laquelle les métiers largement féminins (soin, ménage, garde d'enfants) – ceux qui correspondent peu ou prou aux tâches de la sphère domestique, de la *reproduction* – restent moins valorisés, même quand ils font l'objet d'une rémunération.

Pas de procès anachroniques

Je ne céderai pas ici à cette facilité qui consiste à juger une personne d'un autre temps au prisme de mes valeurs contemporaines. Marx était de son époque et dans l'Angleterre victorienne où il a vécu l'essentiel de sa vie d'adulte, les femmes étaient particulièrement opprimées. Il a tout de même eu la modernité de remettre en question l'institution du mariage comme une forme de « propriété privée » qui invite le mari à traiter son épouse comme sa chose mais on peut douter de ses motifs.

Sa critique du mariage pourrait avoir été une idée bien commode pour lui puisqu'il voulait batifoler sans états d'âme avec la bonne et loger son fils illégitime sous le même toit que sa femme et ses sept enfants légitimes. Il n'est pas sûr que l'épouse officielle ait eu voix au chapitre. Toujours est-il que Marx restait contraint par les normes sociales de son époque puisqu'il a tenté de convaincre son ami Friedrich Engels de revendiquer la filiation de l'enfant afin de s'éviter l'embarras social que représentait son infidélité. Engels ayant refusé, Marx a ensuite placé son fils dans une famille d'ouvriers pour ne plus en entendre parler.

Marx n'était probablement pas démesurément misogyne par rapport à ses contemporains – il a même eu quelques élans intellectuels critiques qui ont peut-être servi la cause des femmes. Mais sa vision critique et systémique des rapports de force s'est arrêtée à la porte du foyer. Les femmes sont à la maison pour « reproduire » la force de travail tandis que les hommes « produisent » la valeur économique. La division sexuée du travail est si « naturelle » et anhistorique pour lui qu'elle n'a pas besoin d'être appréhendée par l'analyse. En cela, la pensée marxienne reprend l'angle mort de Smith : le travail gratuit – des femmes comme des esclaves – ne compte pas dans le système économique.

Les économistes du XXe siècle enfoncent le clou

Smith et Marx ne suffisent pas pour écrire l'histoire de la pensée économique, évidemment. Mais ils illustrent bien tout ce qui ne va pas avec l'économie en tant que discipline. La productivité ignore largement les femmes. C'est un concept porté et pensé par une lignée d'économistes qui sont tous des hommes. Encore aujourd'hui, ils ne manquent pas ceux qui scrutent la productivité comme l'indicateur essentiel de la santé de l'économie. Je ne connais pas beaucoup de femmes parmi ceux-là. Smith et Marx ont construit les fondations conceptuelles et intellectuelles qui ont soutenu le développement d'une économie industrielle dans laquelle les femmes ne se sont vu concéder qu'une part infime de la valeur. Elles y travaillaient surtout gratuitement.

La réalité économique a beaucoup changé au XXe siècle car beaucoup de femmes sont entrées sur le marché du travail payant. De plus, les services ont peu à peu représenté l'essentiel des emplois. On aurait donc pu s'attendre que les économistes de ce siècle construisent un autre édifice conceptuel plus adapté à cette nouvelle réalité. Mais il n'en est rien. Globalement, ils ont surfé sur la même vague que leurs prédécesseurs. Ils sont restés convaincus que l'industrie était ce qui comptait vraiment. Ils ont conservé ce même angle mort sur le travail gratuit des femmes et la même obsession pour la productivité de type industriel.

Ces hommes n'étaient pas nécessairement misogynes mais ils ont gardé les mêmes lunettes et les mêmes œillères pour regarder le monde que leurs aînés de la Révolution industrielle. C'est vrai quel qu'ait pu être leur bord politique : de manière amusante, Jean Fourastié l'avait remarqué aussi. Dans son livre *La Productivité*, il note que « la notion de productivité est à peu près la seule notion admise à la fois par les théories économiques marxistes ou libérales ». Elle met tous les économistes d'accord.

Pour brosser un tableau un peu plus complet de l'histoire du concept de productivité, je vais ajouter quatre penseurs : deux Autrichiens de la première moitié du XXe siècle, Joseph Schumpeter et Friedrich Hayek, et deux Américains de la seconde moitié du siècle, Robert Solow et William Baumol.

Vers une lecture essentialiste de l'économie

On doit à Joseph Schumpeter[1] le concept de « destruction créatrice » qu'il voit comme le moteur

---

1. Joseph Aloïs Schumpeter est un économiste autrichien (1883-1950) dont on retient les travaux sur les cycles et l'innovation. On se réfère toujours à lui dès qu'il s'agit de glorifier la figure de l'entrepreneur par opposition à celle du rentier. Le héros de l'économie, c'est l'entrepreneur génial, ambitieux et conquérant qui se conjugue mieux au masculin, cela va sans

essentiel de la croissance de la productivité. Il s'agit du processus continuellement à l'œuvre dans l'économie par lequel une innovation (produit ou procédé) crée une vague de remplacement économique. Chaque vague de *destruction créatrice* apporte son lot de productivité. Schumpeter, tout conservateur qu'il était, a tiré une grande partie de sa compréhension de l'économie des œuvres de Marx. Sa vision des gains de productivité est doublement excluante pour les femmes : d'abord, l'imaginaire du début du XXe siècle n'associe les femmes ni à la *création* ni à la *destruction* ; ensuite, elle exclut ce qui dans le travail relève du soin, du ménage, des services à la personne, toutes ces activités où les femmes sont majoritaires.

Même si ce n'est pas intentionnel chez Schumpeter, on peut y déceler une vision presque *essentialiste* de l'économie. D'un côté, il y a ceux qui ont le courage (disons « les couilles » pour saluer le podcast de la journaliste Victoire Tuaillon[1]) de *créer* et de *détruire*, ce qui est au cœur de l'imaginaire de cette première moitié du XXe siècle émaillée de deux guerres mondiales, qui valorise l'homme productif et guerrier. De l'autre côté, il y a ce qui est peut-être nécessaire, mais qui ne fait pas avancer l'histoire : l'entretien, la maintenance, la reproduction, que cela soit domestique et maternel (et gratuit) ou

---

dire. Son livre *Capitalisme, Socialisme et Démocratie,* publié en anglais aux États-Unis en 1942, a été traduit en français en 1951 aux éditions Payot.

1. « Les couilles sur la table », Binge Audio, traite des « masculinités contemporaines », des images et des symboles qui font que l'on assigne encore des rôles genrés aux individus.

professionnel (les infirmières). Schumpeter ne parle pas de maintenance ni de reproduction, cela ne l'intéresse pas. Cela ne compte pas. Il est évident que la crise écologique que nous vivons est liée précisément au fait que cela ne compte pas. À force de valoriser l'innovation et la *création*, on a délaissé l'entretien de l'existant. Dans un dossier consacré au sujet dans *Usbek & Rica*[1], Blaise Mao évoque la décision d'Apple, en 2021, de lancer un service de réparation en libre-service de ses appareils alors que cette entreprise a toujours valorisé la « destruction créatrice » chère à Schumpeter (un iPhone en chasse un autre chaque année et il est difficile de réparer un appareil ancien) : « Qui sait, (...) peut-être se souviendra-t-on un jour de cette annonce comme l'entrée officielle de l'humanité dans l'âge de la maintenance ? »

Quant à Friedrich Hayek[2], il s'est penché sur la « productivité totale des facteurs », c'est-à-dire le rapport de la valeur de la production à la valeur totale des moyens de production utilisés (travail et capital). Pour ce penseur évolutionniste, les gains

1. En janvier 2022, le magazine Usbek & Rica a fait sa une avec le titre : « Et si on arrêtait d'innover ? Bienvenue dans l'âge de la maintenance ».

2. Friedrich Hayek (1899-1992) est le produit de la société viennoise qui l'a vu naître, donc il serait difficile de l'imaginer féministe. Il est une icône du libéralisme : prix Nobel d'économie en 1974, Margaret Thatcher se réclamait de lui. Il est aussi le diable incarné pour la gauche antilibérale du monde entier... qui s'abstient de le lire et en simplifie les idées. Je fais mon *mea culpa* ici car je n'entreprendrai pas de restituer la richesse de sa pensée. Ce n'est pas le propos du paragraphe qui lui est consacré.

de productivité dépendent de l'intelligence des travailleurs, qui est étouffée par la planification centralisée des systèmes communistes où la productivité est faible. Comme chez Smith, Marx et Schumpeter, chez Hayek, l'activité économique qui renvoie à la notion de « reproduction » – dont les services relevant du soin, du *care* et de la transmission – ne fait pas partie du champ d'analyse. Le « progrès » est ailleurs.

Le même angle mort chez les modernes : les services seraient moins productifs

Avec Robert Solow et William Baumol, deux Américains dont les travaux sont plus récents, on n'est plus dans une économie où l'activité industrielle est au centre de tout. Le premier, né en 1924, est encore en vie au moment où j'écris ces lignes. Le second est décédé en 2017 et son triomphe, un prix Nobel obtenu en 2003, date du XXIe siècle. C'est parce que le centre de gravité du travail s'est déplacé à leur époque qu'ils se sont intéressés aux activités non industrielles – mais sans jamais remettre en question l'arsenal conceptuel qui datait de l'ère industrielle. Solow s'intéresse à l'économie de la connaissance et au rôle des technologies de l'information. Baumol, lui, voit monter les emplois dans les services.

On doit à Solow l'idée du « paradoxe de la productivité ». Tous les économistes ne sont pas d'accord avec son analyse de l'évolution de la productivité, mais le concept a marqué les esprits. Solow observe dans les années 1970 et 1980 que l'informatique occupe de plus en plus de terrain... sans que la productivité augmente. « L'informatique est partout sauf dans les statistiques de la productivité », écrit-il. Comment expliquer ce paradoxe ? Ne devrions-nous pas être plus productifs avec les ordinateurs ?

Le paradoxe de Solow est intéressant pour ce qu'il révèle de l'inadéquation de la mesure de la productivité dont il a hérité. Dans l'économie de la connaissance, la mesure de la « valeur » de la production devient plus incertaine et contestable. Pour les critiques, la constatation du paradoxe s'explique par le fait qu'on n'a pas réussi à prendre en compte l'augmentation de la *qualité* permise par les technologies de l'information. Dans une économie de la connaissance où la standardisation n'est plus dominante, l'information, la confiance et les services deviennent centraux et la mesure de la productivité héritée de l'âge industriel est plus contestable.

Ce sont les femmes qui en font davantage les frais car elles travaillent surtout là où on mesure mal la productivité : elles sont peu nombreuses dans l'industrie et l'agriculture tandis qu'elles travaillent en masse dans les services en tout genre (employées de bureau, infirmières, enseignantes...). Elles occupent ces postes dont Solow se demande bien pourquoi ils ne sont pas plus productifs. Cette économie dans laquelle les femmes occupent désormais des emplois rémunérés ne se laisse pas mesurer comme elle le devrait.

Les fâcheux pourraient avoir envie de faire le lien : est-ce parce que la productivité s'est féminisée qu'elle s'est affaiblie ? En fait, c'est parce qu'on ne sait pas analyser ni valoriser la productivité dans les services – et nous y reviendrons – qu'on a tendance à croire que les emplois plus féminisés sont moins productifs. Quand on prend les lunettes de Smith et de Marx pour regarder l'économie de cette fin du XXe siècle, on voit mal le monde et on n'y comprend pas grand-chose.

Pour achever ce bref panorama de la productivité dans la pensée économique, j'ajouterai quelques lignes pour introduire William Baumol sur lequel je reviendrai plus en détail à propos des services de proximité. C'est dans un article de 1967 qu'il formule pour la première fois ce qui deviendra la « loi de Baumol » ou la « maladie des coûts ». Il y explique que l'économie est divisée en deux secteurs : un secteur industriel, où la productivité croît – entendez : où la productivité est mesurable –, et un secteur des services, où elle ne croît pas – où elle n'est pas un indicateur satisfaisant.

Comme il y a de la concurrence entre les deux secteurs pour recruter les travailleurs, les salaires du secteur « improductif » augmentent parallèlement aux salaires du secteur « productif », causant ainsi une « maladie des coûts » dans les services. Puisque la productivité n'augmente pas dans les services, leur coût relatif augmente à mesure que les salaires augmentent. Je me souviens avoir ressenti de l'énervement quand j'ai découvert cette « loi » car elle semble dire qu'il y a des travailleurs qui « méritent » leur salaire et d'autres qui « parasitent » l'ensemble de l'économie, se nourrissant sur le système plus qu'ils n'y contribuent.

Il se trouve que ces parasites « improductifs[1] » qui travaillent dans les services, particulièrement les services à la personne (garde d'enfants, ménage, soins domestiques), sont majoritairement des femmes, moins bien payées que la moyenne des travailleurs. Si la productivité est faible dans les services à la personne, n'est-ce pas précisément parce qu'on n'a pas les moyens d'en mesurer la valeur ?

Le fait que les femmes y forment l'essentiel des travailleurs n'y est sans doute pas pour rien. Selon des statistiques de l'Insee datant de 2016[2], 97,6 % des aides à domicile et aides ménagères sont des femmes, comme 90,5 % des aides-soignants, 87 % des sages-femmes et infirmiers, 97,3 % des secrétaires, 71,8 % des employés administratifs de la fonction publique, ainsi que 65,8 % des enseignants. (En revanche, elles ne représentent que 1 % des ouvriers qualifiés du gros œuvre de bâtiment, par exemple.)

On serait tenté de voir dans la « loi de Baumol » un élément supplémentaire pour compléter cet arsenal productiviste qui permet de conclure que les femmes sont toujours trop payées. *Vous êtes trop bons, Messieurs, de daigner nous payer un petit quelque chose, nous qui sommes si peu productives...*

---

1. J'utilise ce mot de manière critique. En réalité, les « produits » de notre économie peuvent être des biens ou des services. De plus en plus, ce sont des services. Dès lors qu'on est dans la sphère marchande, on est « productif » que l'on soit infirmier ou ouvrier sur une chaîne d'assemblage.

2. Martine Tornero, « Les inégalités professionnelles entre les sexes peinent à se réduire », Insee, 20 avril 2016.

L'économiste est-il toujours un *économiste ?*

Il faut dire qu'à grand renfort de démonstrations mathématiques et de « lois » prétendument aussi indiscutables que la loi universelle de la gravitation, les économistes cherchent continûment à se vêtir d'un manteau d'autorité. C'est parce qu'elle a ce complexe de ne pas appartenir au monde des sciences « dures » que la discipline revendique les qualités de neutralité, d'universalité et d'abstraction. Comment peut-on oser dire que le neutre, l'abstrait et l'universel sont sexistes ? On ne le peut pas.

En ce sens, l'économie fonctionne comme la philosophie. Si vous flânez dans les rayons économie et philosophie d'une librairie, vous verrez moins de dix pour cent d'autrices (en philosophie, c'est encore moins). Pour autant, oser dire que l'économie et la philosophie en tant que disciplines sont sexistes vous vaudra des attaques violentes. Il est d'ailleurs remarquable qu'une partie des économistes que j'ai cités sont aussi définis comme « philosophes » : c'est le cas de Smith, Marx et Hayek. Être économiste et philosophe, c'est une double validation masculine (euh pardon, « universelle »).

À ce sujet, je me suis souvent amusée du fait que les journalistes et autres programmateurs de conférences me présentaient souvent comme « sociologue » alors qu'ils qualifient plus volontiers mon conjoint d'« économiste » ; la réalité, c'est qu'il n'est pas plus économiste que je ne suis sociologue. Je puise volontiers mes inspirations dans plusieurs disciplines dont l'économie et la sociologie. Mais on ne vous prête pas le manteau d'économiste si facilement quand vous êtes une femme.

L'économie orthodoxe qui porte aux nues la notion de productivité semble être surtout une affaire d'hommes. Dans un livre remarquable intitulé *The Double X Economy*, Linda Scott décrit par le menu le monde misogyne de la recherche académique dans les écoles de management et les départements d'économie et de finance des universités, où la discrimination sexiste est courante et les biais de genre fréquents. Par exemple, on y instrumentalise la prétendue faiblesse féminine dans ce qui relève des sciences « dure ». « La recherche "dure" est quantitative, comporte de grands échantillons, est objective, difficile et réalisée par des hommes. Les recherches "douces", elles, sont qualitatives, utilisent des petits échantillons, sont subjectives, faciles et attribuées aux femmes », écrit-elle.

Le monde de la recherche entretient certains rituels hostiles aux femmes, explique-t-elle encore. Les séminaires au cours desquels les doctorants présentent leurs travaux sont l'occasion pour les professeurs en place de « mettre les candidates en pièces ». Là où la représentation féminine est plus faible, comme parmi les chercheurs de la Harvard Business School, « l'atmosphère générale est irrespectueuse, sarcastique et agressive ». Celles qui obtiennent malgré tout leur titularisation font souvent l'objet de harcèlement pour leur faire payer le fait qu'elles aient gagné un combat. Mais dans cet univers, « soulevez le problème du genre et les économistes mâles seront très offensés. Ils s'emporteront avec colère. Il y a une omerta sur la question du genre pour éviter d'éveiller cette rage ».

La pensée hétérodoxe *: une lueur au bout du tunnel ?*

Il est vrai que l'économie s'est (un peu) diversifiée au cours des vingt dernières années avec quelques femmes et des personnes issues d'autres milieux et d'autres continents. Mais c'est principalement au sein des courants dits *hétérodoxes* qu'elles se sont fait remarquer. Pour elles, il s'agit justement de remettre en question les idées reçues sur la « valeur » et la manière dont on la mesure. Quand la « productivité » est mentionnée, c'est pour en attaquer les fondations. Parmi ces économistes, on peut en citer cinq qui font parler d'elles[1] : Mariana Mazzucato, Kate Raworth, Esther Duflo, Carlota Perez et Stephanie Kelton.

À cette liste de femmes économistes hétérodoxes, on peut ajouter un nom, celui d'Elinor Ostrom, décédée en 2012, qui fut la première femme[2] à recevoir le prix Nobel d'économie en 2009. Ses travaux portaient sur l'action collective, la gestion des biens communs, des biens publics et des biens

---

1. Allez lire cet article de *Forbes* consacré à cinq économistes femmes remarquables : « *5 Economists Redefining... Everything. Oh Yes, And They're Women* », Avivah Wittenberg-Cox, 31 mai 2020.

2. Depuis 1969 (date de création), 89 personnes ont obtenu un prix Nobel d'économie (souvent 2 ou 3 économistes sont salués en même temps pour un projet commun). Parmi les 89, seules deux sont des femmes : Elinor Ostrom en 2009 et Esther Duflo en 2019. Une chose est remarquable : les deux femmes distinguées l'ont été avec un ou deux hommes. Les récipiendaires uniques (comme Richard Thaler en 2017) ont toujours été des hommes.

immatériels. Elle s'est penchée sur la notion de dilemme social, quand la quête de l'intérêt personnel conduit à quelque chose de néfaste pour la collectivité, comme l'épuisement des ressources naturelles et la dégradation de l'environnement, par exemple.

Ces économistes ne se revendiquent pas toutes *féministes* mais leur hétérodoxie vient d'une manière ou d'une autre attaquer l'héritage genré de la productivité. Elle nourrit le féminisme car elle questionne les « lois », les prémices, les méthodes et le champ d'application de la discipline. *Soyons sérieux, les histoires de bonnes femmes n'ont pas leur place dans cette discipline,* semblaient dire les mâles orthodoxes. *Au contraire,* disent les courants hétérodoxes. Il est grand temps que l'économie soit investie par les femmes (et toutes les catégories qui n'y sont pas représentées) parce que la vision du monde et l'organisation productiviste du travail que cette discipline sous sa forme classique entretient encore sont délétères.

Le travail gratuit assuré majoritairement par les femmes reste le grand angle mort de l'économie orthodoxe. Et la quasi-déification de la productivité qu'elle cultive entretient une essentialisation genrée des activités économiques. Tout l'arsenal conceptuel hérité de la période industrielle, nourri encore par les économistes du XXe siècle, n'est plus opérant pour penser l'économie d'aujourd'hui.

DEUXIÈME PARTIE

La productivité toute-puissante et virile

L'essentialisation des activités économiques – aux hommes, la production la plus « valeureuse » qui fait avancer l'histoire ; aux femmes, l'entretien, la maintenance, la reproduction – est soutenue par tout un arsenal conceptuel dont je viens de dresser un tableau synthétique. Cette essentialisation s'incarne aussi dans la réalité masculiniste de la production. L'histoire des débuts de l'industrie en est marquée. Elle repose sur la négation du travail gratuit des femmes, mais aussi de celui des esclaves. Ce n'est pas un hasard : la productivité a des racines esclavagistes. Regardons de plus près la réalité de la productivité dans l'histoire...

La productivité, une affaire d'hommes

Qu'est-ce qui évoque plus le *travail*, le vrai, qu'une chaîne d'assemblage à l'usine ? Ce n'est pas pour rien que les personnalités politiques continuent de se faire filmer avec un casque sur la tête dans une usine pour montrer qu'ils s'intéressent au travail – le vrai. Peu importe que le secteur de l'industrie n'occupe plus que 13,3 % des actifs français[1], l'industrie continue de dominer notre imaginaire du travail. L'imaginaire comme la réalité du secteur industriel restent majoritairement masculins : en 2020, le secteur industriel était occupé à plus de 71 % par des hommes[2].

Le secteur industriel : berceau d'une vision masculiniste de la productivité

Le milieu ouvrier a longtemps entretenu une vision de la masculinité exacerbée. Les corps d'hommes soumis à la dureté du travail se

1. *Tableaux de l'économie française*, 2020, Institut national de la statistique et des études économiques (Insee).
2. *Ibid.*

montrent puissants et efficaces, armés de machines tout aussi puissantes et efficaces. À côté de ça, peut-on appeler « travailleur » l'employé de bureau tout maigrichon qui tape à la machine et trie des papiers ? Ou encore la travailleuse qui change des couches ou fait le service dans un restaurant ? On aura beau dire que cela a changé, nos représentations du travail restent marquées par cette culture de la virilité.

Si l'industrie est toujours première dans notre imaginaire, c'est aussi parce qu'elle a façonné nos institutions, des syndicats à la sécurité sociale en passant par les congés payés et l'organisation du temps de travail. La définition de la pénibilité, la protection des ouvriers et la négociation collective sont des héritages de l'usine. Cela explique pourquoi la fermeture d'une usine fait l'objet d'une couverture médiatique et politique bien supérieure à ce qui pourrait se passer dans une entreprise de services domestiques, par exemple.

Il est remarquable de constater à quel point les politiques publiques et institutions de protection sociale se sont mises, au XXe siècle, au service de la productivité des hommes de l'industrie. C'est tout un arsenal de protections qui leur est dédié. Parfois les femmes travailleuses en ont profité aussi. Mais souvent, elles en ont été exclues. Par exemple, les travailleuses domestiques (les nounous ou les femmes de ménage) ne bénéficient pas des mêmes protections que les autres travailleurs. Plus d'une décennie après l'adoption de la convention sur le travail domestique par l'Organisation internationale du travail en 2011, les personnes concernées peinent à faire reconnaître le travail domestique comme un « vrai » travail[1].

La féminisation des institutions du travail, au premier rang desquelles les syndicats, ne s'est pas faite sans peine. Ce n'est que dans les années 1970 que s'est imposée, à la CGT et à la CFDT, une réflexion (timide) sur le rôle des femmes dans le syndicalisme. Il faut dire que les syndicats comptaient très peu de femmes parmi leurs dirigeants. En 1979, dans un livre intitulé *Les Syndicats à l'épreuve du féminisme*, Margaret Maruani avançait l'explication d'une « convergence conflictuelle entre deux mouvements historiquement adverses, ennemis ».

D'un côté, le mouvement ouvrier était influencé par Proudhon[2], sans doute le plus misogyne des intellectuels du travail, pour qui la place des femmes est au foyer parce qu'elles sont incapables de *produire* quoi que ce soit – ni idées ni biens industriels. De l'autre côté, le féminisme, intellectuel, était présenté comme « bourgeois » par ses opposants, donc incompatible avec le socialisme. D'ailleurs, l'idée que le milieu social est forcément plus important

1. « Dix ans plus tard, les travailleurs domestiques se battent toujours pour obtenir l'égalité des droits et accéder au travail décent », Organisation internationale du travail, 15 juin 2021.

2. Pierre-Joseph Proudhon (1809-1865) est un économiste et philosophe français précurseur de l'anarchisme. Ce théoricien de la révolution des ouvriers était convaincu que la place des femmes était à la maison. Ses deux citations les plus célèbres à propos des femmes sont : « Nous ne comprenons pas plus une femme législatrice qu'un homme nourrice » et : « Une femme qui exerce son intelligence devient laide, folle et guenon. » Tout un programme !

que le genre continue d'être utilisée pour décrédibiliser les mouvements féministes.

L'imaginaire hyperviril de la productivité

Or la productivité comme concept et instrument de négociation a été perfectionnée dans le monde de l'industrie autour d'un imaginaire qui met en avant la force physique et les muscles, au moins autant (si ce n'est plus) que le savoir-faire et l'intelligence. Les valeurs virilistes de la productivité industrielle sont bien visibles dans la propagande – aussi bien fasciste que soviétique – des années 1930-1940, qui mettait en avant des corps musclés et puissants au travail.

Pendant la Seconde Guerre mondiale, pour inciter les femmes à travailler dans les usines d'armement alors que les hommes étaient au front, la propagande américaine (ainsi que soviétique) a généreusement accordé aux femmes la possibilité d'avoir elles aussi de beaux muscles pour pouvoir faire un *vrai* travail. Rosie la riveteuse aux biceps bandés avec son slogan *We Can Do It!* est d'ailleurs devenue une icône du féminisme[1]. (C'est peut-être pour ça

1. L'affiche *Rosie the Riveter*, intitulée *We Can Do It!*, créée par J. Howard Miller, avait pour objectif de lutter contre l'absentéisme et les grèves au sein de la Westinghouse Electric Corporation. Elle fut collée sur les murs de l'usine en février 1942. Une seconde image de Rosie, dessinée par Norman Rockwell, fit la couverture du *Saturday Evening Post* en mai 1943. Sur cette dernière, Rosie, encore plus musclée et puissante, a un énorme pistolet à rivet posé sur ses genoux, comme un phallus de substitution.

que j'ai toujours voulu avoir des biceps puissants : pas de féminisme sans muscles !)

Mais l'extension du domaine des muscles à la gent féminine s'est retournée contre les femmes après la guerre. Si le travail le plus valorisé et le mieux rémunéré est une affaire de muscles, alors il faut le rendre à ceux qui ont le plus de muscles. *Finie la rigolade*, semblait dire le virilisme de l'après-guerre. *Vos muscles mignons faisaient le job quand on était au front, mais ils ne font plus le poids maintenant.* La mise en scène des biceps féminins a donc été à double tranchant : à la fois affirmation émancipatrice de la puissance du corps féminin mais aussi argument pour mieux les remettre à leur place.

L'ironie de la productivité industrielle, c'est que les muscles jouent en fait un rôle très marginal. Même en 1942, il y avait très peu de postes qui requéraient une force physique que les femmes n'avaient pas. Sans doute le mythe a-t-il été entretenu pour mieux les évincer. Plus la puissance des machines est importante, plus on imagine qu'il faut des gros muscles pour les manipuler et les dominer – comme un monstre qu'on ne peut mater qu'avec une bonne dose de virilité. En réalité, plus les machines sont puissantes, moins il faut de force physique.

Machines et virilité : le grand fantasme

Étonnamment, l'association entre la virilité et les machines continue d'être faite, même hors des usines. Les gros camions de livraison, par exemple, sont conduits majoritairement par des hommes et on imagine leurs chauffeurs « virils ». En fait, c'est une profession où la sédentarité extrême est difficilement compatible avec le développement des muscles : les chauffeurs de camion américains ont deux fois plus de risques d'être obèses que la moyenne des travailleurs[1]. Autre exemple : dans le ménage, occupation souvent physique où les femmes forment pourtant l'essentiel de la main-d'œuvre, les grosses machines de nettoyage occupent davantage d'hommes « agents d'entretien ».

Le pire, c'est que c'est vrai aussi des machines qui manipulent les données. Les domaines de l'informatique, de la *data science* ou de l'intelligence artificielle, où les machines sont les plus puissantes, sont dominés par les hommes. Est-ce un hasard ? Eh bien non, justement. Là où il y a de grosses machines, il y a des hommes !

Les domaines qui voient la productivité augmenter se masculinisent à mesure qu'il y a plus de gains à y faire, à l'image de ce qui s'est produit dans le monde de l'informatique : dans les années 1940-1950, les femmes étaient nombreuses à y travailler ; puis elles ont été évincées à mesure que la productivité a augmenté. *Ouh, les gains commencent à être importants, poussez-vous de là que je m'y mette !*

1. *Health – Long-Haul Truck Drivers,* The National Institute for Occupational Safety and Health (NIOSH), Centers for Disease Control and Prevention (CDC).

Les inégalités genrées dans le partage du gâteau de la productivité

La productivité entend mesurer la contribution d'un facteur de production à la variation du résultat final obtenu par le processus de production. Quand il s'agit du travail, on mesure l'efficacité (le rendement) d'une heure, journée ou année de labeur humain. Cela fait bien longtemps qu'on cherche à le rendre plus efficace. Si on peut produire plus avec une même quantité de travail, on peut devenir plus riche ou travailler moins ou les deux à la fois.

Les gains des Trente Glorieuses

Grâce à l'innovation, l'éducation, l'ingéniosité et une meilleure organisation du travail, on peut espérer obtenir des gains de productivité qui pourront nourrir la croissance économique et le développement d'une société. Historiquement, depuis la Révolution industrielle, les gains de productivité les plus élevés ont correspondu aux périodes de forte croissance économique, comme la période dite des « Trente Glorieuses » après la Seconde Guerre mondiale.

L'économiste à qui on doit cette expression des « Trente Glorieuses », Jean Fourastié[1], fut lui-même persuadé que la productivité était l'instrument de mesure optimal du progrès économique et social. D'abord, on atteint grâce à elle un meilleur niveau de vie pour tout le monde grâce à un plus gros volume de production : plus de voitures produites et vendues, c'est plus de chiffre d'affaires, plus de recettes fiscales qui permettent de financer plus de services publics et de prestations sociales.

Ensuite, si on est plus productif, c'est qu'on peut produire davantage pendant le même temps de travail. Donc on peut choisir de réduire le temps de travail, d'allonger la période de scolarisation des citoyens, d'augmenter les congés et d'abaisser l'âge de la retraite pour les travailleurs, donc d'avancer vers une société plus juste où la vie est meilleure. En effet, le temps de travail a baissé rapidement pendant tout le XXᵉ siècle[2].

Fourastié n'était pas seul à penser ainsi. La productivité du travail est devenue, au cours du XXᵉ siècle, l'indicateur économique le plus regardé,

---

1. Jean Fourastié (1907-1990) est non seulement à l'origine de l'expression les « Trente Glorieuses », mais aussi l'auteur prolifique d'une quarantaine d'ouvrages d'économie. Il s'est penché sur la productivité et le progrès technique avec cet optimisme technologique typique du XXᵉ siècle.

2. En 1906, on a instauré en France la journée de repos hebdomadaire (la semaine de 6 jours). En 1919, on a mis en place la semaine de 48 heures. En 1936, le Front populaire met en place la semaine de 40 heures. En 1982, le président Mitterrand la fait passer à 39 heures. Elle passe enfin à 35 heures sous le gouvernement Jospin (en 1998).

étroitement lié à la croissance économique, dont l'indicateur phare est le produit intérieur brut (PIB)[1]. Ce n'est d'ailleurs pas seulement le travail qui compte : c'est la manière de mieux combiner les facteurs de production qui permet la croissance.

Ce qu'on appelle la « productivité globale des facteurs », c'est la part de la croissance qui ne s'explique ni par l'accroissement du capital (qui permet d'acheter des nouveaux ordinateurs ou des camions) ni par celui du travail (des ouvriers en plus), mais par une manière plus efficiente de combiner les deux pour gagner plus. Pour améliorer la productivité totale, il faut investir, c'est-à-dire qu'il faut du capital, pour se procurer de meilleures machines, par exemple. Si vous avez une exploitation agricole, mais pas de quoi vous offrir un tracteur ou une moissonneuse-batteuse, votre productivité va rester faible. Le problème, c'est que tout le monde n'a pas le même accès au capital et donc aux gains de productivité.

---

1. Le produit intérieur brut (PIB) est l'indicateur économique qui prétend quantifier la création de valeur annuelle par les agents économiques à l'intérieur d'un territoire. La variation du PIB d'une période à l'autre correspond à la mesure de la croissance économique. Cela fait cinquante ans déjà que les féministes accusent le PIB d'être un indicateur biaisé, incapable de valoriser de manière juste l'apport des femmes à l'économie.

Les femmes spoliées dans le partage des gains de productivité

Partout dans le monde, les femmes ont moins accès au capital et aux emplois qui leur permettraient d'être plus performantes avec le bon équipement. De nombreuses entrepreneuses se voient refuser les fonds pour s'équiper des tracteurs, camions ou ordinateurs qui leur permettraient de produire et distribuer leur production de manière plus performante[1]. Leur travail serait plus productif si elles avaient du capital. Quand on n'a que son travail, il n'y a rien à combiner. Adieu la productivité globale et les gains qui vont avec.

L'économiste Linda Scott explique cela dans son livre *The Double X Economy*[2]. De nombreuses femmes sont empêchées d'accéder au capital, aux équipements et aux investissements qui pourraient les rendre plus productives. Elles héritent des terres les moins fertiles, de machines inférieures (quand elles en ont) et des secteurs d'activité où la productivité est la plus faible.

Dans le monde industriel, la productivité se mesure clairement et on sait obtenir des gains de productivité, mais rien ne dit que ces gains seront

1. L'exemple de ces entrepreneuses ougandaises qui sont empêchées d'emprunter à cause de lois qui leur ferment l'accès aux services bancaires est développé par Linda Scott dans *The Double X Economy*.

2. Pour *Welcome to the Jungle*, j'ai rédigé un article dense et complet à propos de l'ouvrage de Linda Scott : « Genre et économie : donner le pouvoir aux femmes, c'est être tous gagnants », 29 septembre 2021.

partagés équitablement. D'ailleurs que veut dire « équitablement » ? À certaines époques, on n'a considéré comme justes que ceux qui risquent leur capital et raflent l'essentiel des gains quand il y en a. À d'autres, on a estimé qu'offrir sa force de travail fidèlement à un employeur, c'est mouiller sa chemise et ça, ça se paye.

Dans l'histoire, la manière dont le gâteau des gains de productivité a été partagé entre les consommateurs (*via* des prix plus bas), les capitalistes (des beaux dividendes) et les travailleurs (des salaires plus élevés ou un temps de travail moindre pour le même salaire) a varié en fonction des rapports de force et des alliances politiques. En général, les rapports de force politiques font pencher la balance du côté des capitalistes. Rares sont les parenthèses dans l'histoire pendant lesquelles les politiques se sont alliés aux syndicats pour qu'une plus grosse part du gâteau revienne aux travailleurs.

De ce fait, hormis pendant la période des Trente Glorieuses[1], les gains n'ont souvent pas bénéficié aux travailleurs, et encore moins aux femmes, qu'elles soient à l'usine ou à la maison. Le moins que l'on puisse dire, c'est donc que les femmes sont loin d'avoir eu la part du lion de la productivité. Même dans l'automobile, il a fallu des décennies pour que les ouvrières obtiennent d'être traitées à peu

---

1. Thomas Piketty a bien documenté l'évolution des inégalités économiques. Dans le livre *Le Capital au XXIe siècle* (Paris, Le Seuil, 2013), il en offre une perspective historique et comparative.

près comme leurs collègues masculins : le plus souvent, les activités manufacturières réputées « féminines » étaient jugées moins valables donc moins rémunérées.

Par exemple, la fabrication des housses de sièges[1] de voitures – plus cosmétique – n'était pas aussi noble que l'activité de production de jantes – plus vitale : sans elles, une voiture ne roule pas. Or les housses étaient faites essentiellement par des femmes tandis que les jantes étaient produites principalement par des hommes. Le plus souvent, les femmes et les hommes à l'usine ne faisaient pas exactement les mêmes activités. Ainsi on pouvait bien se payer le luxe de défendre le principe « à travail égal, salaire égal » puisque le travail n'était pas égal…

La plupart du temps, les femmes n'ont profité qu'indirectement des gains quand elles étaient « couvertes » par le salaire de leur époux (si elles étaient au foyer et mariées à un ouvrier bien rémunéré) et que ce dernier daignait partager les sous dans le foyer. Une autre manière dont les femmes ont quelque peu tiré parti des gains, c'est sous la forme des baisses de temps de travail, pour elles-mêmes et pour leur conjoint, qui ont donné plus de confort à tout le foyer (plus de temps paternel accordé à la

1. C'est le thème d'un film britannique de 2010 intitulé *Made In Dagenham* (traduit en bon français par *We Want Sex Equality*) réalisé par Nigel Cole. Le film raconte la première grève des ouvrières d'une usine Ford à Dagenam, au Royaume-Uni, et les négociations qu'elles ont menées pour l'égalité salariale. Ces ouvrières assemblaient les housses des sièges des voitures.

famille). Par exemple, quand les ouvriers français ont bénéficié de la semaine de 40 heures en 1936, ce sont beaucoup de pères qui ont pu jouer davantage avec leurs enfants et faire la vaisselle de temps à autre.

La baisse historique du temps de travail, intimement liée aux gains de productivité, est allée de pair avec l'émancipation économique des femmes. On ne peut pas en exagérer l'importance. Au milieu du siècle dernier, on s'est mis à rêver à une vie dans laquelle le travail n'occuperait qu'une petite partie de la semaine, tandis que les loisirs, la famille et la maison prendraient une place toujours plus importante, y compris pour les hommes. De fait, le temps de travail a baissé de manière spectaculaire pendant l'essentiel du XXe siècle. Il y avait de quoi nourrir cet espoir.

La discutable équivalence productivité = progrès

Si la tendance à la baisse du temps de travail avait continué au même rythme que les gains de productivité, nous travaillerions tous beaucoup moins que nous ne le faisons aujourd'hui ! En 1930, l'économiste John Maynard Keynes avait prédit que le progrès technologique et les gains de productivité qu'il engendre conduiraient à des semaines de travail de 15 heures. Pourquoi pas ? En produisant plus avec moins, nos besoins auraient pu être satisfaits avec moins de travail, ce qui aurait libéré plus de temps pour les loisirs et l'écologie (au sens étymologique du terme).

En 1995, l'auteur Jeremy Rifkin prédisait « la fin du travail »[1] car il pensait que les gains de productivité allaient être si élevés avec les nouvelles technologies que cela rendrait possible une réduction massive du temps de travail. Comme Rifkin voyait progresser la polarisation des emplois et des revenus, il préconisait un meilleur partage du temps de travail restant, un « partage heureux du temps en société » dans une société de loisirs.

Mais Keynes et Rifkin n'ont pas vu juste. Nous avons préféré produire beaucoup plus et réserver à une petite minorité la jouissance des gains de productivité. Les salaires (et les emplois) se sont polarisés toujours plus : certains cadres et ingénieurs qualifiés ont vu leurs revenus augmenter tandis qu'une part plus importante des travailleurs doit se contenter de revenus faibles[2].

Au cours des dernières décennies du XXe siècle, les entreprises ont commencé à donner de plus en plus aux consommateurs (en baissant les prix des produits) et/ou ont accordé les gains aux actionnaires. Elles ont demandé aux travailleurs d'en faire

---

1. Dans un livre éponyme *La Fin du travail*, préfacé par Michel Rocard dans l'édition française (Paris, La Découverte, 1996). Ce livre a influencé le gouvernement Jospin et la baisse du temps de travail à 35 heures par semaine mise en place par Martine Aubry.

2. La polarisation de l'emploi se traduit par une baisse historique de la part des emplois situés « au milieu » de la distribution des salaires (employés et ouvriers qualifiés, par exemple) au profit des emplois bien rémunérés (cadres) et des emplois faiblement rémunérés. Voir l'article « Polarisation du marché du travail : y a-t-il davantage d'emplois peu qualifiés ? », France Stratégie, 2020.

plus en 40 heures par semaine pour (plus ou moins) le même salaire. La productivité a continué d'augmenter sous l'effet des nouvelles technologies (à un rythme plus ou moins soutenu, cela n'a pas été linéaire), mais pour la grande majorité des travailleurs, cette augmentation n'a pas eu d'effet sur leurs revenus.

Pour les femmes, cela a constitué une occasion manquée de faire évoluer le temps de travail en faveur d'un meilleur équilibre pour elles. Les temps complets sont restés trop contraignants pour être pleinement compatibles avec une charge parentale et domestique disproportionnée. Ainsi, beaucoup de femmes ont dû se contenter de temps « partiels[1] » et des salaires partiels qui vont avec. Quand on songe que ces temps « partiels » auraient pu être « complets » avec le même nombre d'heures, il y a de quoi avoir des regrets.

L'ironie de l'histoire, c'est que l'évolution du partage des gains défavorable aux travailleurs (et surtout à ceux et celles que l'on dit « peu qualifiés ») a probablement joué un rôle dans le ralentissement des gains de productivité. Si on n'a rien à y gagner,

---

1. D'après l'Insee, la population à temps partiel était à 79,5 % féminine en 2019. En 2019, parmi les salariés, 28,9 % des femmes et 7,7 % des hommes occupaient un emploi à temps partiel. Pour les femmes, la propension au temps partiel augmente avec le nombre d'enfants à charge, alors que les enfants ont peu d'influence sur le travail à temps partiel masculin. 41,8 % des femmes salariées ayant au moins trois enfants à charge travaillent à temps partiel. (Cette proportion atteint 45,9 % pour celles dont le plus jeune enfant a moins de 3 ans.)

quel est l'intérêt d'être plus productif ? Si le surcroît de fatigue ou le travail plus répétitif n'ont pas de contrepartie, l'incitation est faible.

Il est d'ailleurs remarquable que les auteurs les plus prolifiques en matière de conseils de productivité sont souvent du côté des travailleurs indépendants plutôt que de celui des salariés : même si le gain est faible, il leur appartient. La question se pose aux programmeurs informatiques qui automatisent leur propre travail[1]. Si un programmeur est suffisamment intelligent pour automatiser une partie de son travail, doit-il le dire à son employeur, au risque de se voir demander de faire plus de travail (ou même de perdre son emploi), ou doit-il garder le secret et prendre du bon temps ? La réponse semble évidente : si cette personne est salariée, le gain de productivité ne lui appartient pas. Donc elle n'a pas intérêt à être plus maligne. C.Q.F.D.

Payé à l'heure, vous n'avez pas intérêt à en faire plus si vous avez la certitude que rien ne sera partagé. Vous serez détesté par vos collègues moins productifs, et vous risquez de vous voir demander d'en faire toujours plus pour le même salaire. Dans les entreprises et postes où le présentéisme prévaut, il y a plus à gagner à donner l'apparence de la productivité qu'à être réellement productif – ce qui, soit dit en passant, est une chose qui est particulièrement insupportable pour beaucoup de femmes, comme l'a

1. *The Coders Programming Themselves Out of a Job. When workers automate their own duties, who should reap the benefits?*, Brian Merchant, *The Atlantic*, 2 octobre 2018.

bien expliqué Céline Alix dans son livre *Merci mais non merci*[1].

En bref, le partage des gains de productivité, c'est le nerf de la guerre. Or ce partage n'a profité aux femmes qu'à la marge. Premièrement, elles sont généralement éjectées des domaines où ces gains sont importants. Deuxièmement, elles ont moins accès au capital pour augmenter leur productivité globale. Troisièmement, en tant que travailleuses, elles restent moins payées, car elles ne font pas toujours le même travail. Quatrièmement, ce sont celles qui étaient « couvertes » par leur mari ouvrier qui ont le plus profité des gains de productivité, mais ça en a tout de même laissé beaucoup sur le carreau (toutes celles qui n'avaient pas de mari ou bien celles mariées à un salaud). Enfin, cinquièmement, les maris aussi se sont fait avoir : la tendance séculaire à la baisse du temps de travail aurait pu être féministe, mais elle a finalement fait flop.

1. Céline Alix, *Merci mais non merci,* Paris, Payot, 2021. Dans ce livre, l'autrice évoque ces femmes « brillantes » qui quittent les belles carrières qu'elles mènent dans les organisations les plus prestigieuses parce qu'elles ne supportent plus de jouer à des jeux politiques et de voir leur temps gaspillé par un présentéisme de façade.

Quand la productivité déshumanise le travail

Pour le dire simplement, dans sa définition industrielle, la productivité du travail engendre la déshumanisation et l'aliénation. Les gains de productivité de l'âge industriel reposent pour l'essentiel sur la mise en place de l'organisation scientifique du travail (l'OST pour les intimes[1]), imaginée par cette icône de la productivité industrielle qu'était l'ingénieur américain Frederick Winslow Taylor[2] qui l'a appliquée dans son aciérie dans les années 1890 et 1900. Henry Ford, quelques années plus tard, l'a

1. L'organisation scientifique du travail (OST) se diffuse progressivement à partir de la Révolution industrielle de la fin du XIXe siècle. L'OST conduit à une division extrême du travail, la parcellisation des tâches, en forçant les ouvriers et les employés à ne devenir que de simples exécutants dans d'immenses entreprises mécanisées. Les principes de l'OST ont été mis en application par de nombreux industriels, mais le plus connu est Frederick Winslow Taylor. C'est pour cela qu'on assimile souvent l'OST au taylorisme.

2. Frederick Winslow Taylor (1856-1915) a tout créé sur le terrain et dans l'action, mais il a laissé un texte théorique qui a inspiré d'autres illuminés de la productivité après lui. La brochure, publiée en 1911, était intitulée « The Principles of Scientific Management ».

perfectionnée en y ajoutant les chaînes d'assemblage et une meilleure paye pour les ouvriers.

La décomposition des tâches

Il faut imaginer Frederick Taylor comme un illuminé avec un chronomètre à la main qui mesurait tout, tout le temps (ce n'est pas sans rappeler d'autres illuminés contemporains de la productivité qui mesurent sans cesse leurs performances). Sa méthode a consisté à diviser les tâches de telle manière qu'il n'existe pour chaque travailleur qu'une série de gestes optimisée et parfaite (le fameux « *one best way* ») qu'il leur suffit de répliquer à l'identique. « On ne te demande pas de penser ; il y a des gens payés pour cela », aurait-il dit un jour à un ouvrier, ce qui lui aurait valu, ô surprise, une certaine hostilité de la part des syndicats[1].

La productivité taylorienne ne peut être améliorée qu'en décomposant le travail à l'extrême de manière qu'il puisse être fait par n'importe qui sans que des qualifications soient nécessaires. La méthode repose sur trois grands principes : la division horizontale du travail (chaque ouvrier est ultraspécialisé dans une ou plusieurs tâches seulement), la division verticale (il y a ceux qui pensent les processus et ceux

1. En 1907, l'American Federation of Labour, un syndicat ouvrier, l'a accusé de vouloir transformer les ouvriers en machines et a exercé une pression politique pour que les méthodes de Taylor soient interdites. Le génie d'Henry Ford a été de comprendre que la pilule ne passerait pas sans de meilleures contreparties : c'est ainsi qu'il a mis en place la paye à 5 dollars par jour (c'était beaucoup, à l'époque).

qui les exécutent) et la minimisation du temps passé sur chaque tâche grâce à un système de mesure et de contrôle (et grâce au salaire à la pièce).

C'est vrai que Taylor a été l'un des productivistes les plus zélés de l'histoire. Toutefois on aurait tort de penser que la productivité lui doit tout. D'autres sont allés dans ce sens à la même époque et ils y seraient arrivés (peut-être moins efficacement) même sans lui. D'ailleurs, c'est aussi l'époque où le management s'est constitué en tant que discipline pour rendre le travail des autres plus productif. Plus ou moins en même temps que le taylorisme, il y a eu le *fayolisme,* du nom de cet ingénieur français[1] considéré comme l'un des pionniers du management, également adepte de la « rationalisation » du travail humain.

La glorification du travail non humain

La rationalisation du travail va de pair avec la déshumanisation de ceux qui le font. Max Weber avait déjà dressé ce constat en 1922, dans son ouvrage *Économie et Société*. Avec la modernisation de la société, nous sommes plongés dans un désenchantement, expliquait-il. Pour lui, « rationaliser », cela implique de viser quatre choses : l'efficience (un maximum de résultat pour un minimum d'effort), la

1. Henri Jules Fayol (1841-1925), un ingénieur civil des Mines, a laissé en héritage un ouvrage des plus glamours intitulé *L'Administration industrielle et générale* (1916). Maître à penser des bureaucrates du XXe siècle, il était au moins aussi obsédé par la productivité que Taylor. À la place du chronomètre, il avait un carnet de notes toujours à la main.

prévisibilité (pas de surprise dans le futur), la calculabilité (le fait de devenir obsédé par le chiffrage des choses) et la déshumanisation (le contrôle des comportements humains). Pour tout cela, il faut contrôler les travailleurs, les asservir.

Si la productivité exige la spécialisation et une organisation du travail fondée sur la division des tâches, alors elle implique le renoncement à la vision artisanale du travail[1] qui fait de l'artisan un travailleur autonome, responsable et créatif. En d'autres termes, la productivité va à l'encontre de l'émancipation. Quand on conçoit soi-même ses méthodes de travail, on flâne un peu, on explore de nouvelles pistes, on réfléchit aux alternatives, donc on est moins productif. Mieux vaut bannir la flânerie. Mais comme ne pas flâner est contraire à notre inclination humaine, eh bien il faut mieux encadrer, contrôler et sanctionner les travailleurs.

Dans un monde où le travail est rationalisé, des robots ou des esclaves font tout aussi bien l'affaire. Avec les premiers, on a la fiabilité sans les complaintes et les gémissements. Avec les seconds, on peut pousser la rationalisation au maximum sans avoir à faire semblant. Pourquoi pas des esclaves ? Bonne idée, non ? La référence à l'esclavage pourrait faire figure de point Godwin de toute discussion sur l'organisation du travail. Mais on ne peut pas vraiment y couper quand on parle de productivité.

---

1. C'est le sujet de mon livre *Du labeur à l'ouvrage. L'artisanat est l'avenir du travail* paru chez Calmann-Lévy en 2019.

Les racines esclavagistes du productivisme

Non seulement, il y a encore aujourd'hui des dizaines de millions d'esclaves sur Terre, ce qui fait de l'esclavage une forme toujours courante d'organisation du travail. Mais on doit aussi à l'esclavage beaucoup des outils de la productivité moderne. Autrement dit, l'héritage esclavagiste inspire encore la manière dont nous travaillons aujourd'hui, même si nous ne recevons pas de coups de fouet du contremaître et que nous pouvons (en général) nous rebiffer s'il nous met une main aux fesses.

En effet, cette obsession pour le ratio entrées/sorties et la modernisation des outils comptables pour le suivre au mieux doit beaucoup à l'esclavage américain. C'est avant la guerre civile que les planteurs américains ont mis au point des outils modernes de comptabilité qui ont été repris et perfectionnés par les industrialistes après l'abolition de l'esclavage en 1865. Chez ces planteurs du sud des États-Unis, l'objectif de productivité a suscité des innovations comptables et managériales qui ont inspiré les entreprises du monde entier. Mais les historiens du management ont préféré oublier la racine la plus terrifiante de l'OST.

On peut mesurer clairement le poids du coton cueilli en une heure par un seul individu. Parmi les propriétaires d'esclaves, les passionnés de productivité n'ont pas manqué d'expérimenter des tas de choses. Les plus brutaux n'étaient pas nécessairement ceux qui obtenaient les meilleurs gains (avec un dos massacré, un corps ou un cœur brisé, un esclave devient moins bon cueilleur, c'est sûr).

Les meilleurs gains étaient obtenus par ceux qui mesuraient, calculaient et « optimisaient » au mieux leurs ressources selon des méthodes qui influenceront plus tard l'OST.

Dans certains cas (en particulier dans les plantations antillaises), on avait calculé que c'était plus efficace d'essorer les esclaves jusqu'à la mort pour ne pas avoir à s'encombrer de l'entretien des vieux et des faibles. Dans d'autres cas, des planteurs « innovants » ont mis en place la compétition entre esclaves, des méthodes ludiques, une meilleure alimentation, c'est-à-dire ont incorporé des considérations sur le « bien-être ». Le choix des méthodes n'avait pas grand-chose à voir avec l'humanité et tout à voir avec la productivité.

Cette thématique est l'objet d'un ouvrage richement documenté, intitulé *Accounting for Slavery*[1]. Son autrice, la chercheuse américaine Caitlin Rosenthal, est spécialiste de l'histoire du management et des ressources humaines. Elle en est convaincue : beaucoup des outils et indicateurs utilisés aujourd'hui dans les entreprises ont été inventés à cette époque. Les planteurs-capitalistes du sud des États-Unis ont pratiqué, explique-t-elle, une forme précoce d'OST : ils prenaient des notes méticuleuses, enregistrant la productivité quotidienne

1. Caitlin Rosenthal, *Accounting for Slavery*, Harvard University Press, 2018. L'autrice a parcouru moult livres de comptabilité et mené l'enquête sur les pratiques commerciales courantes dans les plantations du sud des États-Unis et des Antilles. Le résultat, c'est une contribution essentielle à la compréhension de la relation entre l'esclavage et le capitalisme.

de leurs esclaves, les soumettant à des expériences diverses (douces ou brutales) pour en améliorer la performance.

Loin d'avoir été un obstacle à l'innovation productiviste, l'esclavage américain a au contraire jeté les bases du capitalisme moderne. Puisque les esclaves étaient des choses, on les a mis dans des tableaux comptables. Et quand les travailleurs ont été libérés, on les a laissés dans les tableaux comptables. Vous trouvez cela tiré par les cheveux ? Pourtant cela ne l'est pas vraiment au regard de l'ensemble de l'histoire du travail humain dans laquelle l'esclavage, sous une forme ou une autre, est plutôt la norme que l'exception.

Pas très reluisant pour la productivité, tout ça… Avec la déshumanisation productiviste, l'esclavage et la colonisation ne sont jamais bien loin. Souvent, comme l'ont montré les écoféministes, le sort des « sauvages » colonisés et esclavagisés et celui des femmes sont intimement liés : les deux sont associés dans l'imaginaire productiviste à une « Nature » qu'il s'agirait de dompter pour mieux rationaliser. D'ailleurs, selon le *Global Slavery Index*, les femmes et les filles représentent 71 % des esclaves sur la planète aujourd'hui.

Les racines esclavagistes de la productivité ne sont pas un malencontreux hasard de l'histoire. Elles en disent long sur les coûts cachés du modèle productiviste, les rapports de domination, l'exploitation des plus faibles, la négation des liens sociaux et de notre écosystème. Le travail gratuit et le mépris pour l'environnement sont l'ADN du modèle productiviste.

Quand la critique écologique rejoint la critique féministe

Il y a un dessin du *New Yorker* en 2021 que je ne peux oublier tant il m'a fait rire[1]. Sur ce dessin, quatre personnes en haillons sont assises par terre autour d'un feu, avec les ruines de la civilisation en arrière-plan, dans une scène qui rappelle la préhistoire. Un homme dont les guenilles sont les lambeaux d'un vieux costard-cravate tient trois enfants en haleine avec son récit. Il s'exclame : « Oui, c'est vrai, la planète a été détruite, mais pendant un moment sublime de l'histoire, nous avons créé énormément de valeur pour nos actionnaires. »

Derrière le succès de ce dessin, repris par les écologistes du monde entier à l'occasion de la conférence de Glasgow sur les changements climatiques (COP 26), il y a un argument qui agite l'économie

1. Il s'agit d'un dessin de Tom Toro publié dans le *New Yorker* en 2012, redécouvert en 2021. Partagé par Greta Thunberg et Leonardo DiCaprio, ce *cartoon* est devenu iconique, comme on peut le lire dans un article qui lui est consacré, intitulé « *The Story Behind the Nine-Year-Old "New Yorker" Cartoon That Defines Our Climate Moment* », Alex Hauer, *InsideHook*, 9 novembre 2021.

depuis plusieurs décennies : notre mesure économique de la « valeur » ignore la destruction des ressources, de la planète et du lien social ; elle méconnaît la prédation, l'amour et l'amitié. Nos indicateurs passent à côté des sentiments et des valeurs qui nous animent. Et ils se moquent des *externalités* de notre activité économique.

Les externalités négatives : la boulette de la productivité

Le concept des externalités intéresse beaucoup les économistes d'aujourd'hui, mais il reste absent de la mesure de la productivité et de celle du PIB, ces indicateurs que les politiques scrutent le plus quand il s'agit de décider le budget et les politiques publiques et de comparer les pays à l'international. Quand je l'ai découvert, ce concept des *externalités* a été une sorte de révélation pour l'étudiante que j'étais, tant elle mettait en mots mon intuition selon laquelle les abstractions de type « toutes choses égales par ailleurs[1] » de la micro-économie n'étaient que du coupage de cheveux en quatre, tatillon, dérisoire et sans rapport avec la vie réelle. Pour le dire simplement, les *externalités* expliquent

1. L'expression « toutes choses égales par ailleurs » s'utilise dans un raisonnement pour dire que l'hypothèse que l'on fait ignore certains aspects de la question. Pour faire le raisonnement, on laisse de côté les autres paramètres. C'est une abstraction qui peut conduire à ignorer des choses essentielles. Mes professeurs d'économie me prenaient pour une idiote incapable d'abstraction quand je disais « mais les choses ne sont pas égales par ailleurs ! ».

que ce que nous faisons n'est pas sans influence sur notre environnement.

On désigne par ce concept le fait que l'activité de production (mais aussi de consommation) d'un individu affecte le bien-être des autres sans que personne reçoive ou paye quoi que ce soit pour cet effet. Une externalité, c'est un effet secondaire qui n'est pas la finalité de l'activité principale de production. Elle peut être positive ou négative. L'ouverture d'un bar dans un village peut avoir pour conséquence l'augmentation du nombre de personnes qui vont acheter du pain dans la boulangerie d'à côté (externalité positive). L'ouverture d'une usine d'engrais chimiques aura probablement une influence sur le niveau de nitrates dans les eaux de la région et la santé de ses habitants (externalité négative).

La pollution sous toutes ses formes est très liée à la production industrielle. D'ailleurs, cela fait près d'un demi-siècle[1] que l'on tente d'intégrer les externalités négatives de la production industrielle au calcul de son coût, de mieux mesurer ce coût que représente pour la collectivité le rejet de déchets industriels dans l'environnement ou l'émission de gaz à effet de serre causée par une usine. Mais le plus souvent, encore aujourd'hui, on fait payer ces

1. Par exemple, l'Agence fédérale américaine pour la protection de l'environnement, l'EPA, a été créée en 1970. À l'époque, le gouvernement républicain de Richard Nixon était à la pointe en matière de prise de conscience des externalités industrielles sur l'environnement, probablement parce que la production américaine était particulièrement polluante. Nixon a fait passer au Congrès américain une série de lois pionnières pour la protection de l'air et des eaux.

coûts par la collectivité plutôt que par les acteurs qui les provoquent – et tirent la majorité des profits de l'activité de production qui provoque ces externalités.

Souvent, les externalités négatives exigent du temps de travail de la collectivité. Quand, par exemple, des barils de pétrole se déversent dans l'océan, ce sont des bénévoles qui consacrent des milliers d'heures de travail à nettoyer les plages et sauver les animaux qui peuvent l'être. Quand la pollution de l'air provoque des problèmes respiratoires, ce sont des heures de « travail » de soin (pour amener quelqu'un chez le médecin, par exemple) qui sont exigées de personnes qui n'ont rien à voir avec les activités de production qui ont provoqué la pollution.

On entend beaucoup dire que la productivité en tant qu'indicateur est *neutre* du point de vue de sa finalité et de ses conséquences sur l'environnement : on peut être *productif* dans la fabrication d'armes ou dans la fabrication de bon pain bio. Mais il est devenu difficile de défendre la réalité de cette neutralité et de l'accepter. Force est de constater que ce sont précisément les activités industrielles les plus polluantes qui affichent la productivité la plus élevée, tandis que les activités les plus vertueuses (ou neutres) du point de vue de l'environnement sont les moins « productives » (les services à la personne, par exemple).

Les acteurs les plus polluants sont artificiellement plus « productifs » parce qu'ils délèguent le travail de nettoyage des dégâts à la collectivité. S'il fallait intégrer le coût réel de production d'une activité propre, alors il faudrait sans doute beaucoup plus de travail. Le résultat serait assurément moins « productif ». Inversement, une activité propre du point de vue environnemental n'est-elle pas une activité qui intègre le coût réel (en travail et en capital) de sa soutenabilité ? Elle est donc probablement plus intensive en main-d'œuvre et moins « productive ». Ainsi les activités agricoles de la filière « bio » sont plus intensives en main-d'œuvre et donc moins productives que les autres, mais n'est-ce pas parce qu'elles ne délèguent pas à la collectivité le travail nécessaire pour réparer les éventuels dégâts provoqués par le déversement de pesticides dans l'environnement ?

Il y a donc un lien étroit entre les externalités négatives et le travail gratuit. La non-prise en compte des externalités négatives d'une activité économique gonfle donc artificiellement la productivité des organisations concernées : s'il fallait compter tout le travail nécessaire pour réparer les dégâts, leur productivité serait assurément moins élevée. Le traitement – absolument nécessaire – des externalités négatives est en fait du côté de la maintenance, de la *reproduction*, et non du côté de la sacro-sainte *production* : cela en fait donc un ennemi de la production, que l'ensemble des acteurs du système cherchent à oublier et à minimiser, car elle n'est aucunement valorisée.

Le PIB : un indicateur has been *et dangereux*

La critique environnementale de nos indicateurs économiques se concentre principalement sur le concept de PIB. Dès les années 1970, des voix se sont élevées pour dire que le PIB est une mauvaise évaluation du progrès car il augmente à mesure que nous détruisons la planète. Il faudrait pouvoir mesurer la croissance économique autrement, en « ajustant » le PIB à la soutenabilité des activités. En 2009, une « Commission sur la mesure des performances économiques et du progrès social » présidée par l'économiste Joseph Stiglitz s'est penchée sur « les moyens d'échapper à une approche (...) trop comptable de la mesure de nos performances collectives » et de tenter d'élaborer de nouveaux indicateurs de richesse. Plus d'une décennie plus tard, il n'en reste hélas pas grand-chose : les alternatives au PIB[1] restent marginales et plus ou moins ignorées par les économistes orthodoxes et l'ensemble des décideurs dans le monde.

Si une réglementation a été mise en place pour encadrer l'activité économique et limiter la pollution qu'elle engendre, celle-ci est généralement insuffisante ou bien tolère des exceptions au nom de

---

1. Parmi les alternatives, on peut citer l'indice de santé sociale (américain), l'indice de développement humain du PNUD (Programme des Nations unies pour le développement), l'indice de bien-être économique, l'empreinte écologique d'une population – par exemple, l'empreinte totale (alimentation, logement, transports, autres biens et services) est de 5,6 hectares pour un Français et 9,4 hectares pour un Américain…

la santé économique. Les gouvernements de nombreux pays ont imaginé au cours des vingt dernières années une application concrète de l'idée qu'il faudrait mesurer et intégrer les externalités négatives : cela a pris la forme d'une fiscalité écologique et du principe de la compensation carbone, qui consiste à essayer de contrebalancer les émissions de CO_2 d'un acteur en lui proposant de financer des projets de réduction d'autres émissions. Ces deux idées sont accusées aujourd'hui d'offrir aux entreprises les plus polluantes un droit de polluer.

Pourquoi échoue-t-on encore et encore à freiner la pollution liée à la production ? L'une des raisons, c'est le pouvoir politique entre les mains des pollueurs. Mais une autre raison est le poids prépondérant des indicateurs comme le PIB et la productivité, qui nous font regarder le monde avec de mauvaises lunettes. À cause d'eux, l'idée qu'il existe un choix entre l'économie et l'environnement reste bien ancrée. Selon cette vision des choses, il faudrait soutenir l'économie parce qu'elle nous fait tous manger, et faire prendre en charge les externalités négatives par la collectivité de manière à ne pas décourager l'activité créatrice de richesses.

Évidemment, le bon sens économique devrait nous faire comprendre que ce n'est pas un choix. Si on scie la branche sur laquelle on est assis, il n'y aura plus d'activité possible demain. L'idée que l'on peut choisir la *production* plutôt que la *reproduction*, la maintenance et l'entretien est fausse : si on ne l'entretient pas, on perd la production !

La décroissance, un concept féministe ?

Notre résistance à prendre en compte l'impact environnemental de notre activité économique explique pourquoi les mouvements pour la *décroissance* sont passés de la marginalité à une popularité remarquable parmi les jeunes générations. Les partisans de la décroissance prônent une réduction de la production et de la consommation parce que la croissance économique telle qu'elle est mesurée par le PIB est aussi toxique pour l'environnement que pour le lien social.

Né dans les années 1970, ce mouvement repose sur la remise en question des conséquences négatives de l'industrialisation : l'aliénation au travail et la pollution nous menacent en tant qu'espèce. L'idée serait de cesser de faire de la croissance un objectif. Pour les partisans de la décroissance, il existe une contradiction profonde entre la finitude de nos ressources et l'objectif d'une croissance illimitée – raison pour laquelle le découplage entre hausse du PIB et réduction de la consommation d'énergie et des impacts environnementaux, envisagé dans le cadre de la « croissance verte », est irréaliste pour eux. Il faudrait se résoudre à vivre plus simplement. Le travail productiviste, aliénant et destructeur, devrait occuper une place moins importante dans nos vies, au profit du travail de maintenance de l'existant, d'entretien des écosystèmes comme de nos liens avec les autres.

Il m'arrive d'être séduite par les arguments des partisans de la décroissance, notamment la dimension utopique qui met en avant une société plus juste et en harmonie avec la nature. J'aime cette idée d'un bien-être décorrélé de la production industrielle de biens où les relations humaines sont au centre du système. Mais il y a plusieurs aspects de la théorie de la décroissance qui me laissent sceptique. Tout d'abord, la société plus « simple », frugale et écologique qu'on peut imaginer n'est pas forcément un gain pour le féminisme dans l'état actuel de distribution des rôles et des richesses car elle implique un surcroît de travail gratuit qui peut pénaliser davantage les femmes. Devinez qui va allaiter les petiots pendant trois ans[1], laver les couches en tissu et faire pousser les carottes dans le potager ?

Là encore, mon expérience de l'Allemagne où cette utopie est prégnante me fait craindre une augmentation des inégalités de genre. Ce que j'observe parmi les jeunes écologistes allemands et français, c'est que le choix de s'arrêter de travailler plusieurs années pour prendre soin d'un enfant de manière écologique est rarement assuré par les pères. Quand elles finissent par retourner au travail ou quand elles divorcent, les femmes *décroissantes* ont des revenus bien amputés.

1. Depuis le début des années 2000, la Leche League, une association internationale de soutien à l'allaitement maternel, créée dans les années 1950 aux États-Unis, a eu une influence considérable dans le monde occidental. Jusqu'aux années 2010, allaiter ou pas était en France le choix d'une mère. Aujourd'hui, la pression qui s'exerce sur elle pour allaiter son enfant de plus en plus longtemps est irrésistible. Il en résulte une pénalité maternelle plus forte : en moyenne, les revenus des femmes diminuent davantage à la suite d'une naissance.

Deuxièmement, le rejet de la croissance telle qu'on l'a connue jusqu'ici est fondé sur le caractère insoutenable des activités industrielles et l'épuisement des ressources qu'elles engendrent. Or d'autres activités – plus féminines – sont nettement moins consommatrices en ressources matérielles : le soin, l'enseignement, et toutes sortes de services à la personne. En d'autres termes, le ratio richesses créées sur ressources engagées n'est pas immuable dans l'économie. Ce ratio peut être contesté. D'autres activités de *croissance* peuvent être développées pour soigner la planète, nettoyer les océans, recycler nos déchets et isoler nos bâtiments. Avec davantage d'imagination féministe, on pourrait faire autre chose de la croissance que ce que l'on a connu jusqu'ici.

Si les activités plus vertueuses étaient mieux valorisées, grâce à l'utilisation de nouvelles « lunettes » pour regarder l'économie, on pourrait imaginer une croissance différente. C'est d'ailleurs ce vers quoi tendent certains penseurs de la décroissance, dont l'économiste Timothée Parrique, qui déplore la consonance du terme français – alors que le terme anglais *degrowth* fonctionne bien mieux de ce point de vue ; comme lui, je serais ainsi plus à l'aise avec le terme qu'il propose de *post-croissance* : une croissance, toujours, mais pas délétère, ni pour la planète, ni pour les inégalités.

En somme, peut-être que tout ce qui nous manque pour réinventer la croissance économique de manière plus vertueuse, c'est plus d'imagination féministe. Ne prenons pas pour argent comptant la définition du travail dont on a hérité de l'âge industriel ! Quand on regarde les activités où les femmes sont dominantes (santé, éducation, aide aux personnes âgées) et les entreprises créées par des femmes, on dresse un constat très différent des externalités de l'activité économique. Je ne pense pas que les femmes soient génétiquement disposées à mieux préserver la planète et le lien social, mais elles l'ont intégré par apprentissage social et par contrainte économique. Elles ont souvent mieux appris à prendre soin des autres[1] et à faire plus avec moins car elles ont à la fois moins de ressources économiques et plus de personnes à prendre en charge.[2]

Ces apprentissages devraient être étendus à toute la population et plus largement valorisés ! Les acquis réputés plus « féminins » de soin aux autres et d'économie des ressources (faire plus avec moins) pourraient faire partie des solutions. S'ils étaient plus valorisés, davantage d'hommes les développeraient et les revendiqueraient aussi. Tout ce qui relève de la « reproduction », de l'entretien, de la maintenance et du soin de l'existant a été négligé en même temps qu'essentialisé comme « féminin ». C'est de tout cela que la croissance de demain devrait être faite. Il serait temps de mieux s'en inspirer pour transformer le travail et l'économie !

---

1. Jouer à la poupée, c'est un premier apprentissage du soin. C'est bien pour cela qu'il faudrait que garçons *et* filles en aient dans l'enfance !

2. Pour s'en convaincre, il suffit de regarder le grand nombre de mères célibataires. En 2020, d'après l'Insee, 25 % des familles avec enfants en France sont monoparentales. Parmi elles, le parent isolé est une femme dans 81 % des cas. Les chiffres ne sont pas très différents dans les autres pays de l'OCDE.

Vers l'écoféminisme

La critique écologique pourrait mieux rejoindre la critique féministe en s'inspirant de l'*écoféminisme*. Ce mouvement est né dans les années 1970 (comme la décroissance) autour de la conviction qu'il existe un lien indissociable entre la crise écologique et le patriarcat. Pour les écoféministes, l'exploitation de la nature et la domination masculine ont des racines communes qui déploient des maux similaires (objectivation et violence). Le terme a été utilisé pour la première fois dans les années 1970 par l'écrivaine française Françoise d'Eaubonne dans un livre intitulé *Le Féminisme ou la mort*. Mais les grandes idées écoféministes sont contemporaines des mouvements écologistes des années 1960 (notamment la lutte contre l'utilisation des pesticides).

Le mouvement écoféministe a pris de l'ampleur en Inde autour de la figure de Vandana Shiva, une philosophe convaincue que les femmes doivent jouer un rôle plus important dans la protection de la biodiversité. Selon elle, le féminisme et l'environnementalisme devraient unir leurs forces car l'oppression des femmes et l'exploitation de la « Terre Mère » suivent les mêmes mécanismes et sont fondamentalement la même chose. Aux États-Unis aussi, l'écoféminisme s'est beaucoup popularisé à la fin des années 1970 et au début des années 1980 : une grande conférence écoféministe a eu lieu en mars 1980, quelques mois après l'accident nucléaire de Three Mile Island en 1979, qui a acté le parallèle entre la destruction de la nature et la domination des femmes.

Aujourd'hui, l'écoféminisme influence les féministes qui veulent réhabiliter les sorcières persécutées dans le passé (notamment Silvia Federici que j'ai déjà citée) et les femmes qui prétendent être des sorcières (notamment la célèbre Starhawk[1]). Une penseuse que je trouve particulièrement intéressante est l'historienne Carolyn Merchant, dont le livre *Death of Nature* montre que la vision mécaniste du monde caractéristique de notre science moderne a rendu possibles l'exploitation productiviste de la nature, puis une expansion commerciale effrénée et un ordre socio-économique qui subordonne les femmes.

Pour Merchant, l'analogie entre les femmes et la Nature remonte dans la pensée occidentale à l'Antiquité. Il existait alors un imaginaire « vitaliste » qui associait la Terre à une figure féminine nourricière, douce et aimante. Cela présentait l'avantage de s'accompagner d'une contrainte morale : quand on personnifie la Terre comme une gentille maman, c'est un peu plus dur de franchement la maltraiter ! Mais selon l'autrice de *Death of Nature*, cette contrainte a disparu après la Renaissance. Lorsqu'ils ont découvert l'Amérique et commencé à coloniser le reste du monde, les Européens ont cherché à contrôler et maîtriser les ressources de la Terre grâce aux sciences. La technologie, le mécanisme cartésien et le savoir sont devenus des instruments de domination... entre les mains des hommes. La Terre

1. Starhawk (née Miriam Simos en 1951 est une écrivaine et militante féministe américaine. Elle se revendique aussi sorcière. Elle serait à l'origine de la création de milliers de « covens » (des rassemblements de sorcières).

autrefois considérée comme quelque chose de sacré et de vivant est soudainement devenue cette chose dévitalisée qu'il fallait exploiter de manière « productive ».

À partir de la Renaissance, soit la Terre n'était plus personnifiée du tout, soit elle l'était encore mais sous la forme d'une figure sournoise, fomentant des complots pour détruire l'Homme, et qu'il s'agissait donc de mater. Ce système de pensée a imprégné toute la rationalité occidentale. Il repose sur l'opposition entre d'une part, les femmes, la nature et les peuples indigènes et, d'autre part, les hommes, la culture et les colons. La femme est accusée d'empêcher l'homme de se libérer de la nature (dont elle resterait prisonnière). Ce dualisme établit une hiérarchie claire : l'Homme/Culture est censé produire en exploitant la Femme/Nature. On retrouve cette même essentialisation qui met les femmes du côté du soin, de l'entretien et de la reproduction et les hommes du côté de la création/destruction, de la production et des sciences.

Si je ne suis pas convaincue par la vision parfois *essentialiste* d'une féminité qui serait davantage du côté de la « Nature », je pense en revanche que le parallèle entre féminisme et écologie peut rendre le monde du travail et le système économique plus vertueux. Il ne s'agit pas de renoncer à toute richesse au nom de l'écologie. En fait, mieux partager le pouvoir économique et politique entre hommes et femmes, c'est bon pour la planète ! Comme l'écrit bien Linda Scott dans *The Double X Economy*, « ce n'est pas que les nations riches ont pu se permettre de libérer leurs femmes, mais que le fait de libérer les femmes les a rendues riches ».

Même si l'on ne croit pas qu'il existe une « essence » féminine naturellement plus douce pour la planète, il y a des raisons de penser qu'une plus grande mixité du pouvoir économique est aussi plus *écologique*. Nul besoin d'adhérer au spiritualisme *New Age* de l'écoféminisme pour voir qu'il existe un lien entre féminisme et écologie : les deux appellent à une société plus respectueuse des liens entre les humains et des liens entre les humains et leur environnement. Dans ces deux luttes, il est question de reconnaître des droits à des parties oubliées ou spoliées par l'histoire : la reconnaissance des droits de la Terre pour l'écologie, et celle des droits des femmes et du travail gratuit pour le féminisme. Or, dans l'économie, la productivité laisse de côté, de façon systématique, le travail gratuit et, avec lui, toute la valeur des services qui apportent du soin et de l'attention et dont la contribution concrète à la croissance est si difficilement mesurable. Voyons à présent ce que cet oubli – ce déni ? – induit sur le plan sociétal dans le rapport que nous entretenons les uns et les unes aux autres.

TROISIÈME PARTIE

La catastrophique application du paradigme productiviste dans les services

L'arsenal conceptuel de la productivité ignore ou sous-valorise les services, qu'ils soient gratuits ou rémunérés. Il en nie la qualité, la richesse et l'apport sociétal. Il ignore le rôle qu'ils jouent dans la productivité totale du pays. Mais en plus, cet arsenal a contribué à les dégrader et à les dévaloriser. Voyant que le productivisme ne permettait pas de générer les mêmes gains que dans l'industrie, faute de bien « coller » à la réalité du travail des services, certains employeurs se sont mis à vouloir les faire ressembler davantage à l'industrie. Taylorisme, minutage des tâches et ratios (travailleurs/clients ou usagers servis) ont transformé beaucoup de ces services sans jamais que la productivité y soit jugée suffisante.

Une partie des services qui étaient autrefois essentiellement gratuits (le ménage à domicile, les repas préparés par « môman », la garde des enfants, le soin aux personnes âgées, etc.) sont entrés dans la sphère marchande au cours du XXe siècle. Des millions de femmes ont gagné l'indépendance financière qu'octroie un emploi rémunéré. Hélas, toujours en concurrence avec le travail gratuit, une partie de ces emplois sont restés (voire sont devenus) peu valorisés. Le management peut y être brutal. Le harcèlement n'est pas rare. Les rémunérations sont faibles.

Si l'on pouvait se défaire du concept de productivité tel qu'il a été pensé pour l'industrie d'hier, on pourrait multiplier la valeur des services – gratuits ou rémunérés – pour ceux (et celles) qui les rendent ou les reçoivent, les liens sociaux qu'ils permettent de tisser ainsi que toutes les externalités positives qui renforcent l'économie et la société. Appliquer le paradigme productiviste aux services a été une catastrophe. Il est temps d'en sortir !

Le travail gratuit : le grand oublié de la productivité

Les comparaisons internationales du niveau de productivité se fondent sur le PIB par heure travaillée[1]. Elles sont toujours à prendre avec des pincettes. Dans certains pays, l'industrie est prépondérante. Dans d'autres, c'est le tourisme qui compte le plus. Il y a des pays où l'économie informelle est significative. Il y a des cas où l'on a mal pris en compte la parité de pouvoir d'achat[2].

Et selon les pays, le temps de travail n'est pas réparti de la même manière. Notamment, le taux d'emploi n'est pas le même partout. En somme, comparer la productivité d'un pays avec celle d'un

1. On divise le PIB du pays par le nombre d'heures de travail déclarées et rémunérées.

2. La parité de pouvoir d'achat (PPA), c'est un taux de conversion monétaire qui vise à exprimer dans une unité commune les pouvoirs d'achat des différentes monnaies. Ce n'est pas la même chose que le taux de change qui reflète les valeurs sur les marchés financiers internationaux et non ce que les gens du pays peuvent acheter avec leur argent. Bref, pour comparer deux pays avec des monnaies différentes, c'est effroyablement compliqué. Il faut donc interpréter les chiffres avec prudence.

autre, c'est comme comparer des choux et des carottes. C'est un jeu intellectuel stimulant, mais il faudrait se garder de prendre ça trop au sérieux. En tout cas, il y a une chose que la productivité n'inclut jamais, quel que soit le pays, c'est le travail gratuit. C'est un tragique oubli de sa part, comme nous allons le constater.

Qu'est-ce que le travail gratuit ?

Par définition, seul le travail rémunéré, déclaré, officiel est considéré comme « productif ». La quantité variable de travail non rémunéré qui l'entoure et le soutient est inconnue, non mesurée. C'est la partie invisible et ignorée de l'iceberg productif. Or ce qui est pourtant intéressant avec le travail gratuit, c'est qu'il varie énormément d'un pays à un autre et d'une société à une autre.

Le poids du travail bénévole – notamment celui des retraités, la quantité de travail domestique par les adultes du foyer, l'aidance familiale, etc. – ne joue pas le même rôle d'un pays à l'autre. Ainsi, entre deux pays qui ont officiellement un niveau similaire de PIB par heure de travail rémunéré, il peut y en avoir un qui incorpore beaucoup de travail non rémunéré et un autre qui atteint le même ratio avec moins de labeur gratuit. Autrement dit, la productivité masque la réalité du travail nécessaire pour arriver au résultat.

Si une heure « productive » est soutenue par beaucoup d'heures « improductives », peut-on la comparer avec une autre heure « productive » qui parvient à la même rentabilité comme une grande sans aucune aide ? Il faudrait imaginer un indicateur qui donne une idée du nombre d'heures de travail non rémunérées pour la rapporter au nombre d'heures rémunérées et se faire ainsi une idée de la réalité du travail total dans un pays donné. Sans surprise, ces travaux économiques sur le travail non rémunéré sont rares et les indicateurs pour l'appréhender encore plus.

Les esclaves : premières victimes du travail gratuit

Il y a bien un type de travail gratuit qui commence à faire l'objet de travaux historiques intéressants, c'est celui des esclaves, dont j'ai déjà parlé plus haut. Les empires coloniaux (Royaume-Uni, France ou Belgique) ont produit des fortunes sur le dos du travail gratuit des esclaves, mais cela se voyait d'autant moins que ceux-ci étaient loin, dans les colonies, à produire du sucre ou récolter le latex[1]. Beaucoup de nos livres d'histoire (à commencer par nos manuels scolaires) évoquent le sujet de manière plus que lacunaire. Et peu de livres d'économie s'y intéressent.

---

1. Je fais référence au Congo belge où les hommes du roi Léopold II ont réduit la population locale en esclavage (et conduit des massacres effroyables) pour qu'elle récolte le latex et d'autres ressources précieuses. Cet esclavage a duré jusqu'au XXe siècle et enrichi la famille royale belge. Je recommande la lecture du magnifique ouvrage d'Adam Hochschild sur le sujet : *King Leopold's Ghost: A Story of Greed, Terror and Heroism in Colonial Africa* (1998), hélas non traduit en français.

Aux États-Unis, où les esclaves étaient sur place plutôt que dans des colonies lointaines, il est plus difficile de nier l'apport de ce travail à l'enrichissement et au développement du pays, donc cela fait quelques décennies que certains historiens et économistes s'y penchent. Le travail de Caitlin Rosenthal, que j'ai déjà citée, est dans cette veine. Mais au Royaume-Uni comme en France, on a à peine commencé à évoquer ce sujet des liens entre l'esclavage colonial (pas toujours reconnu comme tel) et la richesse du pays.

En 2021, un livre a fait sensation dans le monde anglophone en s'attaquant à l'histoire du rôle de l'Afrique dans le développement du monde moderne occidental. *Born in Blackness*, du journaliste Howard W. French, explique que notre histoire eurocentrée a trop longtemps ignoré la manière dont la richesse et le développement européens se sont fondés sur le travail et la vie de plus de 12 millions de personnes arrachées à l'Afrique contre leur gré[1], puis réduites en esclavage pour travailler dans des plantations produisant du sucre, du tabac, du coton et bien d'autres choses qui ont nourri le développement européen du XVIe au XXe siècle.

« L'ampleur de la souffrance humaine qui a suivi la traversée de l'Atlantique par Christophe Colomb est presque impossible à concevoir, et encore moins à décrire : le consensus actuel est qu'environ

1. Douze millions de personnes ont été enlevées, transportées puis vendues dans le cadre de la traite négrière des XVIe, XVIIe siècles et la première moitié du XVIIIe siècle. La population de toute la planète n'était que de 600 millions de personnes en 1700, donc c'est énorme !

12 millions de personnes ont été embarquées sur des navires négriers dans des conditions épouvantables (...). La plupart étaient ensuite exploitées jusqu'à la mort, l'espérance de vie des victimes de la traite étant estimée à sept ans ou moins. Il était moins cher, écrivait un planteur anglais à Antigua en 1751, "de faire travailler les esclaves au maximum, et de les épuiser avant qu'ils ne deviennent inutiles et incapables de rendre service, puis d'en acheter de nouveaux pour les remplacer". La vie des Noirs n'avait littéralement aucune importance, si ce n'est celle de rendre leurs "propriétaires" riches », explique French[1].

Comme en économie, l'histoire reflète les points de vue de ceux qui l'écrivent. Or les points de vue européens dominants ont nié et oublié le rôle du travail (et du sort) des personnes africaines réduites en esclavage. Elles ont glorifié les découvreurs, les explorateurs, les hommes de la Renaissance, les rois et les militaires qui ont conquis les terres « sauvages » pour les faire fructifier. C'est l'histoire de la victoire du « génie » européen masculin sur la « Nature » sauvage. Pour Silvia Federici, l'autrice de *Caliban et la Sorcière*, la consolidation du capitalisme patriarcal a reposé sur l'asservissement des Noirs et l'exploitation des colonies en même temps que l'assujettissement des femmes, autour du même mythe d'une « Nature » sauvage et irrationnelle que la « Culture » rationnelle se devait de mater.

---

1. Le livre *Born in Blackness: Africa, Africans, and the Making of the Modern World, 1471 to the Second World War* d'Howard W. French (Liveright, 2021) n'a pas (encore) été traduit en français ; je traduis donc ces lignes.

Si les esclaves avaient été émancipés, soit ils auraient été rémunérés, soit ils n'auraient pas travaillé. De plus, la dimension de torture inhérente au travail[1] est présente dans l'esclavage sous sa forme la plus extrême. C'est la quintessence même du travail. Sous l'influence d'une nouvelle génération d'historiens et d'économistes, d'autres points de vue permettront de mieux en comprendre l'apport. Depuis quelques années, des mouvements comme *Black Lives Matter*[2] inspirent de nouveaux travaux qui vont dans ce sens.

Les formidables « gains de productivité » de l'âge des découvertes et de celui de la Révolution industrielle n'ont pas intégré l'essentiel du travail humain qui les a rendus possibles. S'il est aujourd'hui indéniable que l'esclavage constitue du travail gratuit, on ne peut pas en dire autant des activités domestiques dont la question du statut reste entière : sont-elles aussi indéniablement du « travail » ?

---

1. Le *tripalium* romain qui serait à l'origine du mot *travail* était un instrument de torture conçu pour punir les esclaves.

2. Le mouvement *Black Lives Matter* est né aux États-Unis en 2013 autour d'un hashtag, à la suite de l'acquittement de la personne accusée d'avoir assassiné Trayvon Martin, un adolescent noir. Mais la forme décentralisée de ce mouvement américain à l'origine a fait des émules dans le monde entier à partir de 2020. En Europe, il exige que l'on revisite les crimes de l'histoire coloniale. Il n'est pas juste de dire que c'est un mouvement américain qui serait profondément étranger au contexte européen.

Les corvées domestiques : travail ou simple occupation ?

En ce qui concerne le travail domestique et le travail bénévole extra-domestique, le frein principal reste la définition du « travail ». Non seulement il n'est pas rémunéré, mais la dimension de torture et de contrainte semble absente (à quelques exceptions près). Le cadre retraité qui coache des chômeurs dans une association pour les aider à retrouver un emploi le fait par « loisir ». Une mère qui passe une heure à aider son enfant à faire ses devoirs de mathématiques ne le fait peut-être pas par plaisir, mais certainement par amour, comme celle qui prépare un bon petit plat pour toute la famille. Est-ce que cela veut dire que cela ne peut pas être considéré comme du travail ? La réponse n'est pas simple.

L'idée selon laquelle une activité non rémunérée ne peut en aucun cas être considérée comme du travail parce qu'elle est motivée par l'amour ou le plaisir est problématique. D'abord, il n'est pas rare que l'on fasse du « vrai » travail avec plaisir, passion et amour. Les artisans et artistes, par exemple, mettent certainement de l'amour dans leur travail, et on ne peut que souhaiter que d'autres qu'eux trouvent dans leur activité professionnelle de vrais moments de plaisir. Ensuite, la motivation est souvent plurielle, comme dans le cas de Margaret Douglas, la mère d'Adam Smith. La femme de l'ouvrier qui préparait la gamelle de son conjoint qui partait à l'usine le faisait-elle par amour ou bien pour qu'il puisse être « productif » – et par conséquent l'entretenir en ramenant de quoi financer nourriture, logement et entretien à la maison ? Les deux, évidemment.

Mais on privilégie la réponse « par amour » car c'est plus valorisant pour celle qui le fait. Sinon, cela reviendrait à considérer la femme au foyer comme l'esclave de son époux[1].

Et voilà pourquoi on ne compte pas ces activités non rémunérées et qu'on néglige leur rôle dans la productivité. Pourtant, certaines de ces activités sont comptabilisées comme du travail dès lors qu'elles sortent de la sphère domestique : une heure de soutien scolaire faite par un professionnel rémunéré, un plat tout prêt commandé au restaurant ou une chemise repassée par une femme de ménage correspondent à du « travail ». La question de savoir s'il existe ou non une alternative rémunérée à une tâche domestique sur le marché du travail peut constituer un critère pertinent pour déterminer si l'on se trouve dans une situation de travail gratuit. Le problème, c'est que les alternatives rémunérées sont plus ou moins développées selon les époques et les pays. Et à ce sujet, mon expérience allemande[2] a été riche d'enseignements.

Intéressons-nous un instant à la comparaison entre la France et l'Allemagne dont les niveaux de productivité moyens sont proches. J'habite en

1. D'ailleurs il arrivait aussi que les esclaves domestiques américaines qui prenaient soin des enfants blancs de leurs maîtres éprouvent de l'amour pour eux. Cette confusion des genres est parfois dérangeante mais néanmoins fréquente.

2. Je vis en Allemagne avec ma famille depuis la fin de l'année 2020. Mais mon expérience culturelle de l'Allemagne est plus ancienne car ma mère est allemande. J'ai théoriquement la double nationalité mais je me sens plus française qu'allemande.

Allemagne depuis novembre 2020 et je ne vous cache pas que c'est cette expérience qui m'a inspiré l'écriture de ce livre. À première vue, le taux d'emploi des femmes âgées de 15 à 64 ans en Allemagne est supérieur à celui de la France (75 % contre 67 %). Mais en réalité, un beaucoup plus grand nombre de ces femmes travaille uniquement à temps partiel[1]. Les Allemandes passent beaucoup moins de temps au travail que les Françaises. Plus de deux tiers des mères travaillent à temps partiel. D'autres ne travaillent pas du tout. Celles qui gardent une activité productive à temps plein sont rares.

Non sans corrélation, les services de garde d'enfants pour les tout-petits sont moins accessibles. Il n'existe quasiment pas de marché pour les nounous à domicile comme dans d'autres pays européens. L'école se termine à la mi-journée, ce qui exige en conséquence un investissement parental plus fort. De plus, les démarches administratives sont plus chronophages et moins efficaces, notamment parce que la transition numérique est moins avancée[2].

Face à une charge de corvées administratives, scolaires et domestiques alourdie par le fait que nous soyons étrangers dans le pays, mon conjoint et moi nous sommes souvent fait la réflexion suivante :

---

1. « Les Allemandes travaillent moins que les Françaises », Emploi, *OFCE LE BLOG*, 4 février 2019, par Hélène Périvier et Grégory Verdugo.

2. J'ai enregistré un podcast avec mon conjoint sur ce sujet pour le média que nous avons créé ensemble, *Nouveau Départ* : « Le mythe de l'efficacité allemande ». Dans ce podcast « à deux voix », nous parlons notamment du retard numérique de l'Allemagne et de ses infrastructures délabrées.

nous serions sacrément plus productifs si nous avions un autre adulte dans le foyer qui pouvait se consacrer à tout cela à temps plein. Nous nous partageons le travail « improductif » à deux, mais cela fait encore trop quand on travaille à temps plein. Pas étonnant qu'il y ait tant de femmes à temps partiel en Allemagne ! C'est le prix à payer pour que quelques-uns (majoritairement des hommes) soient « plus productifs ». Mais du coup, la productivité allemande n'est-elle pas artificiellement gonflée par le travail gratuit de toutes ces femmes ?

En outre, ce décalage pose également une question d'envergure : est-ce parce qu'ils sont en concurrence avec du travail gratuit qu'une partie des services de proximité sont si mal payés ? Les économistes justifient leur faible valorisation par leur faible productivité. Mais on ne sait pas bien mesurer cette productivité et on ne prend pas en compte les externalités positives de ce travail, en particulier le fait que les services de « reproduction » comme la garde des enfants, les services de santé, le soin aux personnes âgées ou l'éducation rendent toute l'économie plus productive. Qu'importe, on a poursuivi une logique productiviste inadaptée au monde des services au point de les appauvrir davantage.

L'ère tertiaire au service de la productivité

Une partie du travail gratuit largement féminin s'est transformée au cours du XXe siècle en travail rémunéré, également essentiellement féminin. En même temps que les femmes sont entrées massivement dans le monde du travail rémunéré, le secteur des services – privés et publics – qui entoure et soutient le travail productif s'est développé à grande vitesse.

Je voudrais développer ici l'exemple de la gamelle car il est très parlant. Aujourd'hui, elle a quasiment disparu du monde occidental, à part peut-être au Japon où elle reste un « art » féminin très apprécié[1] et dans les écoles de nombreux pays. Sa disparition progressive s'est accompagnée du développement de

1. Les gamelles japonaises s'appellent des *bento* et elles sont plus belles et raffinées que n'importe quelle gamelle de chez nous. C'est une boîte avec plusieurs compartiments pour un repas varié, complet, sain et nutritif. C'est aussi un moyen d'accommoder les restes. Les femmes les préparent à la maison pour leurs enfants ou leurs conjoints. Il existe aussi des restaurants qui préparent des repas à emporter présentés de la sorte. Mais la pression sociale pour un *bento* parfait s'exerce fortement sur les Japonaises qui consacrent des heures à leur préparation.

la restauration d'entreprise et de l'entrée des femmes dans le monde du travail payé. À partir du moment où beaucoup d'entre elles avaient un travail payé, elles n'avaient plus assez de temps libre pour préparer la gamelle des autres membres de la famille. Cet exemple illustre deux choses : le basculement du travail gratuit au travail payant opéré au cours du XXe siècle (la gamelle est devenue service de restauration) et l'importance de ce travail « reproductif » pour la productivité de l'ensemble des travailleurs.

Les cantines : une révolution pour la productivité

Les premières « cantines » sont apparues dès la fin du XIXe siècle. C'est en 1866 que la Banque de France a lancé sa première cantine autogérée. Puis le Crédit Lyonnais a fait pareil. J'ignore pourquoi les banques ont été pionnières en la matière. Était-ce parce que les employés étaient plus urbains et leurs habitudes de consommation et d'alimentation différentes ? Ou bien parce que de nombreux commis de banque étaient des hommes célibataires qui n'avaient personne pour leur préparer une gamelle ? Toujours est-il qu'il a fallu attendre plusieurs décennies pour que cette innovation du monde du travail se généralise aux entreprises des autres secteurs.

Dans les usines, il y avait bien une salle dédiée à la consommation des repas, mais c'était une pièce où les travailleurs mangeaient la gamelle que leur épouse ou leur mère avait préparée pour eux à la maison. Les repas n'étaient pas confectionnés en dehors du foyer. Il a fallu attendre les années 1960 pour que la restauration d'entreprise se développe de manière rapide, c'est-à-dire l'époque à partir de laquelle les femmes au foyer se sont faites plus rares. Puis les syndicats et les comités d'entreprise ont contribué à un âge d'or de la restauration d'entreprise.

Pour les entreprises trop petites pour que cela vaille la peine d'avoir une cantine, on a imaginé ce qui allait devenir le « Ticket-Restaurant[1] », permettant ainsi aux travailleurs de prendre un repas dans un restaurant du quartier. Cela a grandement stimulé la croissance de l'offre de restauration autour des entreprises. Celle-ci s'est encore accélérée quand on a associé le « Ticket-Restaurant » à des exonérations fiscales et sociales. C'est devenu un acquis pour les salariés, un avantage social apprécié – le salarié ne finance que 50 % du montant du ticket.

Les cantines ont moins la cote aujourd'hui car, dans les villes denses, les restaurants extérieurs ont pris le relais. Là où elles existent encore, leur gestion est plus souvent confiée à des sociétés externes. Et de plus en plus de salariés mangent sur le pouce des repas rapides afin d'utiliser cette heure de pause à faire autre chose que manger assis avec leurs collègues : des emplettes, des corvées administratives personnelles, une séance de sport. Ceux qui travaillent à domicile se font livrer des plats préparés *via* une application numérique. Mais une chose

1. Quand on y pense, c'était une sacrée innovation ! Les tout premiers « Bons Repas » qui recyclaient des tickets de cinéma ont immédiatement rencontré un vif succès. En 2015, d'après la Commission nationale des Titres-Restaurant, plus de 7 milliards de titres-restaurants ont été émis en France !

reste vraie : pour pouvoir être productif, il faut que quelqu'un vous prépare à manger !

Ces services qui conditionnent la productivité

Le travail productif serait impossible sans un certain nombre de services. Soit ces derniers sont assurés dans le foyer gratuitement, soit ils doivent être externalisés et entrent alors dans la sphère marchande. En tout cas, il n'y a pas de productivité sans eux. C'est donc très injuste de les qualifier de « peu productifs » puisqu'ils sont nécessaires à tout ce qui est jugé « productif ». Sans eux, rien n'est possible. Ils sont un *levier* de productivité.

La période de pandémie de Covid-19 a été riche d'enseignements à cet égard. Pendant les confinements de 2020 et 2021, de nombreux services ont momentanément été mis à l'arrêt. Pour les parents de jeunes enfants en télétravail domestique privés des services rendus par les crèches et les écoles qui se chargent habituellement de prendre soin de leurs rejetons, cela a semblé évident. Impossible pour les deux parents de travailler à temps plein de manière productive avec un ou plusieurs bambins dans les pattes ! Quand ils étaient tous deux en télétravail, certains parents se sont relayés pour s'occuper des enfants à tour de rôle.

Dans d'autres foyers, c'est une spécialisation implicite ou explicite qui s'est mise en place : la pièce à part et l'espace de concentration productive pour celui dont la carrière était la plus rémunératrice tandis que l'autre s'occupait des enfants et des corvées. Parmi les personnes qui ont bénéficié, en France, du dispositif de chômage partiel, beaucoup ont interrompu leurs activités pour garder leurs enfants et s'occuper d'assurer leur suivi scolaire. Parmi ceux-là, une écrasante majorité était des femmes.

Toutes les études sont unanimes là-dessus : les confinements ont pénalisé les femmes professionnellement parce qu'elles ont dû assurer des « services » réinternalisés dans le foyer à cause de la crise sanitaire. Il a fallu faire plus de courses, de ménage, de repas, et surtout de garde d'enfants et de soutien scolaire que d'habitude et ce sont en majorité les femmes qui ont dû s'y coller. D'après l'Insee[1] en France, pendant le premier confinement, les femmes ont deux fois plus souvent que les pères renoncé à travailler pour garder les enfants. D'après Oxfam[2], la crise du Covid-19 a entraîné pour les femmes du monde entier une perte de revenus d'au moins 800 milliards de dollars en 2020, soit plus que le PIB combiné de 98 pays. (Et cela n'inclut pas les pertes dans le secteur informel.)

Dans ces conditions, la crise sanitaire pourrait avoir « retardé de plus d'une génération » le

1. « Conditions de vie pendant le confinement : des écarts selon le niveau de vie et la catégorie socioprofessionnelle », Valérie Albouy, Stéphane Legleye (département des ressources et des conditions de vie des ménages, Insee), Insee Focus, 19 juin 2020.

2. « Covid-19 : la perte de revenus des femmes en 2020 équivaut à la richesse combinée de 98 pays », Oxfam France, 29 avril 2021.

temps nécessaire pour parvenir à l'égalité femmes/hommes au travail, affirme une étude publiée par le Forum économique mondial en 2021[1]. « La pandémie a eu un impact fondamental sur l'égalité femmes/hommes, tant sur le lieu de travail qu'à la maison, faisant reculer des années de progrès », explique cette étude. L'impact de la crise sanitaire est cependant variable d'un pays à l'autre : là où les services de garde d'enfants et les écoles ont repris rapidement, les femmes ont pu retourner au travail plus facilement et ne pas trop perdre de terrain. En revanche, là où les crèches et les écoles ont fermé pendant une année ou plus, l'effet sera plus durable.

De véritables infrastructures *de l'économie ?*

Aux États-Unis, la plupart des crèches et des écoles sont restées fermées pendant plus d'une année, poussant des millions de parents, essentiellement des mères[2], à quitter leur emploi pour rester à la maison. Au cours de l'année 2021, alors que la population se faisait vacciner massivement et que de nombreuses écoles avaient rouvert, une majorité de ces mères ont pu retourner à un emploi rémunéré.

1. L'étude WEF en question est citée dans cet article du *Monde* intitulé « La pandémie de Covid-19 retarde les progrès vers l'égalité femmes-hommes d'une génération », 31 mars 2021.

2. Près de 10 millions de mères américaines ont dû quitter leur emploi en 2021 pour s'occuper de leurs enfants, d'après le Census Bureau américain. Voir l'article « Tracking Job Losses for Mothers of School-Age Children During a Health Crisis », *Census Gov*, 3 mars 2021.

Mais fin 2021, il y en avait encore plus de deux millions qui manquaient à l'appel, faute d'avoir accès à des services de garde d'enfants. En effet, certaines garderies ayant fait faillite en 2020, l'offre totale en 2021 restait largement inférieure à ce qu'elle était auparavant. Or celle-ci était déjà insuffisante avant la pandémie !

Cela a abouti à une prise de conscience politique chez les Américains. Au lieu de voir ces services comme quelque chose de « privé », du ressort exclusif des familles et de leurs « choix », on en a fait un sujet de société – économique et politique – de premier plan. *Et si la garde d'enfants était un sujet d'infrastructures au même titre que les routes et les réseaux internet ?* s'est demandé le gouvernement Biden en 2021. Eh oui, si on ne peut pas faire garder ses enfants, on ne peut pas être « productif » !

Toutes ces femmes contraintes de rester à la maison, qui travailleraient si elles avaient le choix, représentent une double perte économique. Non seulement la garde d'enfants gratuite n'est pas comptabilisée dans le PIB mais, en plus, les femmes qui l'assurent, comptables, avocates, femmes de ménage ou vendeuses, se sont retirées de la sphère productive. En d'autres termes, ce sont deux activités qui disparaissent de la sphère productive : celle de la comptable, par exemple, et celle de la puéricultrice qui garde ses enfants.

Alors que la part des dépenses publiques américaines consacrées à la petite enfance reste parmi les plus faibles des pays les plus développés, on s'est enfin demandé s'il n'était pas pertinent de soutenir ce secteur avec des dépenses et des services assurés par le public. Face à la pénurie de main-d'œuvre, le fait de « libérer » ces femmes qui voudraient travailler représente une solution évidente pour augmenter le nombre d'actifs disponibles. C'est la raison pour laquelle le *Build Back Better Plan* proposé par les démocrates, un paquet législatif ambitieux qui concerne la modernisation des infrastructures du pays, inclut des subventions et avantages fiscaux pour la garde des enfants. (À l'heure où j'écris ces lignes, ce programme n'a pas encore vu le jour, faute d'un soutien suffisant au Congrès.)

En Allemagne, où j'ai vécu la majeure partie de la pandémie, la situation était légèrement différente de celle des États-Unis : c'est *parce qu'*il y a tant de mères actives à temps partiel ou inactives que l'on a pu prendre la décision de maintenir les écoles fermées pendant de longs mois de crise sanitaire en 2020 et 2021. En d'autres termes, il y a probablement eu moins de femmes qui ont quitté leur emploi pour s'occuper de leurs enfants car elles étaient déjà à temps partiel pour pouvoir le faire. Mais on a encore accentué les inégalités économiques femmes/hommes en empêchant les nombreuses mères qui l'auraient voulu de s'investir davantage dans la sphère professionnelle[1]. Alors que le pays manque de main-d'œuvre dans tous les secteurs, il semble

1. « Les mères allemandes souhaiteraient travailler plus que ce qui est effectivement possible dans de nombreux cas. C'est ce que montre une étude de l'Institut de l'économie allemande (IW), proche du patronat » explique la *Süddeutsche Zeitung*, sondages à l'appui, à propos des mères sans travail ou à temps partiel. Certaines sont satisfaites de ne travailler qu'à temps partiel, bien sûr, mais elles sont loin d'être aussi nombreuses qu'on le dit souvent !

absurde de continuer à encourager les femmes à rester à la maison quand elles voudraient travailler plus !

Les exemples américain et allemand ne devraient pas nous laisser penser que tout est parfait en France. Certes, on a essayé de maintenir les écoles et les crèches ouvertes après le premier confinement de 2020, mais de nombreuses classes ont fermé quand il y avait des cas positifs au Covid-19. Même hors pandémie, il n'y a jamais assez de places en crèche. Avant 3 ans, la garde d'un enfant n'est pas gratuite. Et les horaires sont souvent incompatibles avec certaines activités professionnelles qui requièrent beaucoup de temps de présence et de temps de trajet. En bref, tous ces services restent insuffisants en France pour qu'il n'y ait aucune *pénalité maternelle*.

La pénalité maternelle

La *pénalité maternelle* est un concept qui me fascine[1]. Elle désigne le décalage de carrière et de revenus qui existe entre les pères et les mères. Dix ans après la naissance d'un enfant, les mères perdent 20 % de leurs revenus dans un pays égalitaire comme le Danemark, 40 % au Royaume-Uni et aux États-Unis et 62 % en Allemagne. La pénalité française se trouve quelque part entre 30 et 40 %. Hélas, il n'est pas évident de trouver les études et les chiffres pertinents concernant la France. Sans doute

---

1. J'ai rédigé un article à ce sujet pour *Welcome to the Jungle* : « La pénalité maternelle, ça vous parle ? », 24 septembre 2021.

le sujet n'a-t-il pas intéressé assez d'économistes et de statisticiens pour qu'on puisse l'appréhender avec précision.

Les sociologues Céline Bessière et Sibylle Gollac, coautrices du livre *Le Genre du capital*[1], tentent de chiffrer les différences femmes/hommes en France pour ce qui est du ratio travail gratuit sur travail rémunéré. Au sein des couples hétérosexuels avec enfants, les femmes travaillent en moyenne 54 heures par semaine, contre 51 heures pour les hommes. Pour elles, il s'agit aux deux tiers de travail gratuit, tandis que pour leurs conjoints masculins, deux tiers des heures travaillées sont rémunérées. Pour ces chercheuses, cela a des conséquences massives sur les inégalités de richesse entre les sexes[2] car les mères sont structurellement plus « improductives ».

Vers la fin du travail gratuit ?

En somme, c'est l'ensemble des services de restauration, ménage, garde d'enfants, soin aux personnes âgées, écoles et autres qui a rendu possibles le travail rémunéré des femmes, mais aussi l'ensemble du travail productif. Ces services occupent beaucoup de femmes actives : les nounous, infirmières, femmes

1. Céline Bessière et Sibylle Gollac, *Le Genre du capital. Comment la famille reproduit les inégalités*, Paris, La Découverte, 2020.

2. Les autrices apportent tout un tas de chiffres éclairants. Par exemple, au sein des couples hétérosexuels avec enfants, les différences de revenus femmes-hommes sont en moyenne de 42 %, contre seulement 9 % chez les célibataires !

de ménage et auxiliaires de vie, en particulier, sont à 90 % des femmes – d'où la féminisation systématique des titres et fonctions ! Il y a certes des femmes qui ont des carrières dites à « forte valeur ajoutée » en tant qu'ingénieures, architectes ou P-DGères, mais leur travail serait impossible sans celui de ces femmes dans les services (moins bien rémunérés). En somme, les femmes dépendent les unes des autres pour être productives.

On pourrait évoquer aussi la situation des 11 millions d'aidants en France[1], dont le travail productif (et les revenus qui vont avec) est souvent compromis par les difficultés qu'ils ont de jongler avec toutes les contraintes de la vie. 62 % d'entre eux sont actifs. Parmi ceux qui ne le sont pas, certains ont été poussés à quitter leur emploi faute de pouvoir le combiner avec l'aide qu'ils apportent à un proche dépendant. Selon une enquête Ipsos/Macif de 2020[2], les deux tiers de ces aidants sont des femmes. Un meilleur soutien institutionnel, plus de services professionnels et une organisation du travail plus flexible pourraient faire des miracles.

Pour revenir à ces questions que j'ai évoquées plus tôt : comment justifier que les activités domestiques représentent du travail alors qu'elles sont faites par amour et non exclusivement pour des raisons économiques ? Après les réflexions de ce chapitre, peut-être pourrait-on ne pas compter ces activités domestiques comme du travail si le fait d'y

1. Voir mon article « L'immense valeur des aidants », *ViveS Media* (Bayard), 24 novembre 2021.

2. « La situation des aidants en 2020 : enquête nationale Ipsos-Macif », 15 septembre 2020.

consacrer tout son temps était absolument librement choisi. Or il ne peut l'être que si les services privés ou publics (garde d'enfants, etc.) permettent à tous de continuer à travailler *s'ils le souhaitent*. Quand ce n'est pas le cas, eh bien, il n'y a pas d'autre option que de considérer ces activités comme du travail.

La productivité appliquée aux services de proximité

À plusieurs reprises dans cet ouvrage j'ai évoqué tout ce qui appartient à la catégorie des « services de proximité ». Il s'agit de tous les services, réputés « non qualifiés » ou « qualifiés », qui reposent sur la « proximité » entre un travailleur et son client, usager ou patient. Il s'agit en général d'un travail non routinier, puisque chaque interaction entre individus est singulière. Le plus souvent, ce travail ne peut pas être fait à distance (peu de télétravail). En gros, il s'agit de tous les services à la personne et à la famille (garde d'enfants, soutien scolaire) ainsi que des services d'entretien de la vie quotidienne (ménage, repas, courses, jardinage, réparation), de santé, de réseaux (banques, électricité, etc.), et bien sûr l'école, les commerces, les restaurants, l'artisanat de proximité (coiffeur, plombier, électricien, esthéticienne), etc.

Que sont les services de proximité ?

Beaucoup de ces services sont assurés par des femmes, surtout s'ils sont liés à la notion de soin.

En France, par exemple, le métier d'infirmier est féminin à plus de 87 %[1]. Les auxiliaires de vie qui s'occupent des personnes âgées sont presque exclusivement des femmes (95 %). Plus de 80 % des professeurs des écoles sont des femmes. C'est le cas aussi si les métiers sont liés à l'accueil ou au ménage.

Mais certains de ces services de proximité sont au contraire dominés par les hommes. Par exemple, près des trois quarts des policiers sont encore des hommes, bien que le nombre de femmes ait augmenté en une génération[2]. Les femmes restent également rares parmi les agents de sécurité, les pompiers, mais aussi les artisans de proximité (les plombiers, par exemple), les livreurs ou les caristes.

Dans la restauration, il existe une mixité presque parfaite. Mais celle-ci masque des différences importantes entre métiers : les chefs, par exemple, sont presque toujours des hommes[3]. De manière étonnante, les services de proximité incluent certains des métiers où les stéréotypes sexués sont les plus tenaces et où la ségrégation reste la plus forte[4] :

1. Insee, 2016.

2. Les femmes progressent dans la police et l'armée explique cet article du *Parisien* intitulé « Les femmes montent la garde dans la police et l'armée », daté du 3 mars 2020. Il est remarquable que, dans la police, elles ont tendance à être plus nombreuses aux postes les plus élevés, comme celui de commissaire.

3. En 2020, le *Guide Michelin* a donné une ou plusieurs étoiles à 630 restaurants français, dont les chefs sont à 95 % des hommes. Notons au passage les 5 % de femmes cheffes étoilées, c'est un progrès par rapport au passé !

4. « Les inégalités professionnelles entre les sexes peinent à se réduire », Martine Tornero, Insee, 20 avril 2016.

aux femmes, le soin, l'esthétique et le ménage ; aux hommes, la sécurité, la technique et l'expertise. Parmi ceux que l'on dit « peu qualifiés »[1], les femmes restent largement majoritaires. Par exemple, les métiers d'aide à domicile sont les moins rémunérés et les plus féminisés : 95 % des auxiliaires de vie qui s'occupent des personnes âgées à domicile sont des femmes.

Elles font partie des plus pauvres et des plus précaires. Toujours d'après l'Insee, les métiers les moins rémunérés comme les métiers d'aide à domicile (auxiliaire de vie et aide ménagère, par exemple) sont féminisés à plus de 95 %. Par ailleurs, elles occupent près de 80 % des postes à temps partiel qui sont courants chez les vendeuses, caissières, employées de guichet, serveuses, aides à domicile. Environ 70 % des contrats à durée déterminée (CDD) et des intérimaires sont des femmes. Dans les services de proximité, il n'y a pas d'évolutions de carrière dans tous les métiers, mais là où il y en a, les femmes restent minoritaires aux postes de direction et parmi les cadres (dans l'ensemble, seuls 40 % des postes de cadres sont occupés par des femmes).

Les services de proximité peuvent être publics (bureaux de poste, institutions scolaires) ou privés (salons de coiffure, garages). Ils incluent quelques travailleurs valorisés et bien rémunérés (médecins, professeurs du supérieur, certains artisans) et beaucoup de travailleurs invisibilisés, pauvres

1. J'emploie des guillemets parce que ces métiers exigent bel et bien des savoir-faire et des compétences, mais ceux-là sont peu valorisés sur le marché du travail.

et/ou précaires (femmes de ménage, auxiliaires de vie, caristes). S'ils sont plutôt féminins dans l'ensemble, certains d'entre eux sont dominés par les hommes. Partant de là, on peut se demander ce qui peut bien les rassembler. Ne s'agit-il pas, au fond, d'une catégorie artificielle ? Eh bien non, car malgré leur hétérogénéité, ces secteurs présentent des caractéristiques communes : ils représentent la majorité des emplois créés aujourd'hui ; ils sont à la disposition d'une communauté dans un territoire donné ; ils créent du lien social ; ils contribuent à l'attractivité d'un territoire.

Et surtout, ils ont en commun le fait d'être des secteurs où la mesure de la productivité a tendance à être fumeuse ou destructrice. À bien des égards, le concept de productivité ne fonctionne tout simplement pas dans les services de proximité. En cherchant à répliquer dans ce monde-là ce qui semblait fonctionner dans le monde industriel, on est arrivé à un résultat tragique : soit on a dévalorisé les services de proximité en tentant d'y répliquer le taylorisme industriel ; soit on est passé à côté de ce qui en fait la valeur, créant ainsi une spirale de dévalorisation des personnes qui y travaillent. Ce n'est pas un hasard si les économistes pensent que la productivité est faible dans tous les services de proximité...

Comment mesurer la productivité dans les services ?

Il existe au moins deux raisons pour lesquelles un concept qui peut s'appliquer de manière pertinente aux produits agricoles ou industriels standardisés et à qualité constante ne « colle » pas aux services de proximité. Premièrement, le service rendu n'est pas facilement assimilable à un nombre d'actes (exception faite de la médecine ou de l'enseignement : nombre de cours, nombre de consultations médicales), et sa productivité physique reste difficile à évaluer. Deuxièmement, la productivité dans les services ne se mesure que par les prix (prix du marché ou prix décidés par l'État pour ce qui concerne les services publics), ce qui ne dit pas grand-chose de la valeur du service en question, de sa qualité, de la confiance qui l'entoure et de la satisfaction de la personne qui y a recours : le fait de laver une personne dépendante n'a pas grande « valeur » économique dans la mesure où ceci ne requiert pas une formation longue, pour autant, pour la personne lavée, cela apporte un bienfait immédiat et important.

Il existe donc un décalage entre la mesure de la productivité et l'objet réel du service[1], qui est particulièrement fort dans les services publics où les usagers ne sont que rarement facturés directement. Par exemple, dans la santé, on quantifie les actes prodigués et non la santé des patients. Plus un chirurgien fait d'opérations, plus il est « productif », quel que soit l'effet de ses opérations sur la santé des patients. De même, dans l'Éducation nationale, on mesure les heures enseignées ainsi que le nombre d'élèves. Plus le professeur fait d'heures et plus on met d'élèves dans les classes, plus la productivité est bonne, même si rien ne dit que les élèves ont tiré quoi que ce soit des cours auxquels ils ont assisté.

1. J'ai développé ce point dans mon livre *Du labeur à l'ouvrage* paru en septembre 2019 chez Calmann-Lévy.

Cette focalisation sur le nombre d'actes ou le nombre d'heures nous éloigne de la véritable valeur des actes ou des heures en question pour les clients, patients et usagers. Un acte médical vise théoriquement la santé. Mais la productivité ne tient pas compte de la santé du patient. Une heure d'enseignement vise les savoirs et savoir-être d'un élève. Mais la productivité ne tient pas compte de l'impact de cette heure sur les élèves. Que l'élève soit inspiré par son professeur ou pas, du point de vue de la productivité, c'est pareil[1].

Par conséquent, le concept de productivité tel qu'il est pratiqué dans l'industrie contribue à la dégradation de la qualité dans les services de proximité et à leur dévalorisation. C'est plus commode de mesurer les heures de cours ou le nombre d'élèves plutôt que la qualité de l'enseignement ou les actes médicaux plutôt que la santé du patient après le soin. Pire encore, cette vision des choses contribue trop souvent à une nette dégradation des services en question. Si pour rendre un enseignant plus « productif », il suffit d'ajouter une heure de cours à sa semaine ou quelques élèves de plus dans sa classe, plutôt que de le former mieux ou de recruter plus de personnes talentueuses[2], alors l'accroissement de la

1. D'ailleurs la rémunération des enseignants dépend plus du concours passé (Capes, agrégation) et de l'ancienneté que des qualités pédagogiques et du charisme (les inspections sont assez rares et les possibilités d'augmenter quelqu'un pour la qualité de son enseignement sont faibles).

2. Je ne dis pas qu'il n'y a pas beaucoup de gens talentueux parmi les enseignants ! Il y en a plein mais ils ne sont pas particulièrement encouragés dans leur talent ni payés beaucoup plus du fait de ce talent.

productivité peut, très concrètement, être synonyme de dégradation de la qualité de l'enseignement. De même, en réduisant le temps passé par un soignant avec chacun de ses patients, on accroîtra sa « productivité », mais certainement pas la qualité de ses soins.

Le sacrifice des services de proximité sur l'autel du productivisme industriel

La productivité a semblé si bien fonctionner dans l'industrie, où les gains ont directement enrichi ceux qui y contribuaient, qu'on a cherché à plaquer les recettes industrielles sur le monde serviciel. Ainsi, on a utilisé les principes du taylorisme dans les services de proximité. Pour augmenter la productivité du personnel de ménage, les consultants et les ingénieurs ont passé le ménage à la moulinette de la réingénierie des opérations. On a divisé les sessions de travail en séries de petites tâches codifiées à exécuter de manière précise (*one best way*), seul ou à plusieurs. Le rythme de travail est également plus contraint. Les tâches sont souvent chronométrées. À certains égards, le ménage est devenu une activité industrielle presque comme les autres.

Ce faisant, on a parfois vidé ces services de leur substance. Le ménage, par exemple, ne peut pas toujours être standardisé. Les maisons et les bureaux ne sortent pas d'une chaîne d'assemblage : ils sont de taille et de forme variables. Les mobiliers et les styles sont différents. Les attentes des clients sont variables. À bien des égards, le ménage et les multiples tâches variées qui le composent relèvent plutôt de l'artisanat. Il faut savoir utiliser les bonnes techniques de nettoyage et les bons produits, adaptés aux circonstances et aux matériaux. Ce sont des techniques et des savoir-faire qui s'enrichissent au fil du temps, qui ne sont en rien figés comme peuvent l'être une série de gestes codifiés dans une organisation industrielle. C'est d'autant moins standardisable qu'il y a des interactions humaines. En fait, l'absence d'interaction qu'appelle une standardisation réussie explique aussi la dégradation du service.

Là où les clients et les usagers trouvent de la valeur dans la relation de confiance qu'ils peuvent nouer avec les travailleurs, celle-ci disparaît ou se dégrade quand on cherche à standardiser un service. Dans certains cas, la logique de productivité frise l'absurde. Par exemple, il n'est pas rare que les appels téléphoniques de support client soient chronométrés de manière à déterminer la « productivité » des professionnels concernés (nombre d'appels à l'heure). Celle-ci ignore la résolution des problèmes. On a certes imaginé des questionnaires de satisfaction adressés aux clients mais ils sont eux-mêmes standardisés et souvent peu appréciés des clients. De plus, la satisfaction qu'ils sont censés mesurer peut entrer en contradiction avec l'objectif de vitesse.

Il n'y a pas que les clients, patients et usagers que la productivité pénalise. Il y a aussi les travailleurs. Quand on mesure des choses qui n'ont rien à voir avec le travail bien fait, on les prive de sens et de satisfaction. Le travail devient plus aliénant. Ainsi, pour reprendre l'exemple du ménage, une personne qui entretient un espace donné peut être valorisée par la sensation de devoir accompli, lorsqu'elle compare l'espace avant et après son passage ; mais dans la spécification des tâches, il n'y a plus guère de satisfaction autre que celle de la quantité : quand j'ai vidé toutes les poubelles de l'immeuble, j'ai fini ; je n'ai plus la satisfaction de me retourner sur mon travail et d'en apprécier la qualité.

La déconnexion croissante entre les indicateurs et la valeur du travail fait des ravages en termes de *burn-out* ou de *bore-out* : soit les cadences sont infernales, soit les tâches sont vides de sens (ou les deux en même temps). Étonnamment, l'épuisement et la perte de sens sont très liés. Le *bore-out* ou « syndrome d'épuisement par l'ennui » est déclenché par l'absence de satisfaction que provoque le fait de faire des tâches dont on ne sent pas l'utilité. On retrouve ici les bases de la critique formulée notamment par Alain Supiot, qui considère que la standardisation des méthodes de travail modernes éloigne quantité de travailleurs d'un « régime réellement humain de travail[1] ». Et la crise de sens que chacun peut constater actuellement dans le monde du travail vient aussi de la pénurie de sens que ce modèle entraîne.

1. Sous la direction de Pierre Musso et Alain Supiot, *Qu'est-ce qu'un régime de travail réellement humain ?*, Hermann, « Colloque de Cerisy », 2018.

L'abandon de la *qualité* des services

La « maladie des coûts » théorisée par William Baumol, déjà évoquée plus tôt dans ces pages, s'appliquait à l'origine au monde du spectacle. La « loi » de ce chercheur américain vise à expliquer l'augmentation des coûts dans les secteurs où les gains de productivité sont plus faibles par l'augmentation de la productivité dans les autres secteurs. Il y aurait dans l'économie un secteur « progressif » à forte intensité capitalistique, où les gains de productivité sont importants, et un secteur « archaïque » à faible intensité capitalistique où la productivité stagne et les salaires sont plus bas.

Des services réputés peu productifs

De nombreux économistes se sont empressés d'étendre la « maladie des coûts » aux services de proximité, dont la faible productivité est présentée comme indiscutable. Nul besoin de préciser encore que la grande majorité de ces emplois « peu productifs » sont occupés par des femmes et/ou des personnes immigrées. Ces arguments ont servi à justifier les faibles payes des personnes concernées.

Les entreprises ont externalisé ces activités à des sociétés pour en contenir les prix de manière plus agressive (en les mettant en concurrence). Et on a exonéré massivement les bas revenus (essentiellement dans les services de proximité) de cotisations sociales (ce qui est fort coûteux pour notre sécurité sociale).

Je me souviens de m'être naïvement demandé, la première fois que j'ai entendu parler de cette « maladie », pourquoi la prétendue faible productivité des emplois en question ne souffrait aucune discussion. On considère la productivité de manière exclusivement quantitative et quasi tautologique – une heure de ménage vaut une heure de ménage –, en ignorant complètement la *qualité* du service rendu, son impact sur les usagers/clients et la production qu'il rend possible par ailleurs. On nie aussi la qualité de la confiance qui peut s'établir dans une relation servicielle.

La « loi » de Baumol, c'est en réalité un serpent qui se mord la queue. Les services de proximité sont mal payés parce qu'ils sont peu productifs, mais on peut dire aussi qu'ils sont peu productifs parce qu'ils sont mal payés. Pourtant, cela ne semble pas vraiment être une fatalité, tant il existe dans les services de proximité de nombreux exemples de montée en gamme qui montrent bien qu'on peut augmenter les prix (et donc la productivité horaire) en offrant plus de qualité et de confiance : une garde d'enfant plus valorisée (avec diplômes ou bilinguisme ou toute autre offre différenciante), un service de ménage qui inclut de l'intendance, un artisanat créatif, etc.

Le ménage est un exemple parlant à cet égard. La productivité et les prix bas s'appuient sur l'idée que les personnes qui le font sont interchangeables, comme si la qualité du travail et la confiance en la personne ne comptaient pas. Mais un particulier peut-il confier les clefs de son intimité à une personne en laquelle il n'a pas confiance ? Et puis le ménage et ses multiples tâches complexes sont-ils vraiment de qualité indifférenciée ?

Non, bien sûr. C'est pourquoi certaines femmes de ménage, notamment dans les grandes-villes, ont pu faire valoir la confiance, le réseau et la qualité pour se faire rémunérer deux à trois fois plus que celles et ceux qui sont au bas de l'échelle « peu productive », souvent dans des « escouades » au sein de sociétés de services de ménage où les conditions de travail sont dures et le *turnover* élevé. Or si les tarifs peuvent varier de 12 à 30 euros l'heure, n'est-ce pas que certains clients savent bien que la confiance et la qualité peuvent être valorisées ? C'est bien plus que la seule propreté qui est en jeu dans le service ! La qualité, c'est aussi la tranquillité d'esprit offerte au client (moins de « charge mentale ») et l'émotion suscitée par toutes les petites attentions qui font la différence et la relation elle-même.

Travailleurs essentiels/travailleurs productifs : le hiatus infernal

Dans une note de 2020 consacrée aux travailleurs « essentiels » de la pandémie[1], le chercheur Bruno Palier[2] se demande pourquoi ces personnes « essentielles » sont les moins rémunérées de notre économie. En effet, les travailleurs « peu productifs » des services de proximité sont précisément ceux que l'on a qualifiés d'« essentiels » pendant la pandémie. Pourtant, en toute logique économique, ce sont les plus productifs qui devraient être « essentiels » ! Comment se fait-il qu'on ne puisse absolument pas se passer des « moins productifs » (éboueurs, infirmières, livreurs) ? Il souligne également que les femmes sont surreprésentées parmi les « essentiels »[3].

Pour Palier, la justification des économistes néoclassiques, qui repose sur les prétendues non-qualification et faible productivité de ces travailleurs, continue d'être mise en avant. On considère qu'ils sont encore trop payés. Cela accompagne une

---

1. Bruno Palier, « Pourquoi les personnes occupant un emploi "essentiel" sont-elles si mal payées ? », *LIEPP Working Paper*, décembre 2020, n° 116.

2. Bruno Palier est directeur de recherche du CNRS à Sciences Po, codirecteur du Laboratoire interdisciplinaire d'évaluation des politiques publiques de Sciences Po (LIEPP). Depuis des années, il travaille sur les réformes des systèmes de protection sociale en France et en Europe.

3. La note souligne que « 65 % des 10,4 millions d'emplois "sur le front du COVID" sont occupés par des femmes », dans les domaines sanitaire et social, l'éducation, ainsi que les métiers d'employés de type caissières ou agents d'entretien.

polarisation croissante du marché du travail et des inégalités salariales toujours plus criantes. Pourtant « *le niveau de rémunération proposé aux "essentielles" tient moins à leurs caractéristiques propres ou à celles de leurs emplois qu'aux conditions sociales et économiques de développement de ces emplois* », explique Palier. Autrement dit, si elles sont mal payées, ce n'est pas parce qu'elles ne sont pas assez productives, c'est parce que les personnes concernées ne sont pas en position de force pour exiger d'être payées plus.

Pour lui, la dichotomie entre des managers et créatifs qui seraient de plus en plus « productifs » et des travailleurs des services qui ne le seraient pas est fallacieuse : « Pour la plupart, ces travaux ne reposent pourtant pas sur la connaissance des qualifications des personnes occupant ces emplois ni sur le calcul de leur productivité, mais principalement sur le niveau de rémunération de ces emplois. N'ayant que le niveau de rémunération comme référence pour affirmer la "nature" peu productive de ces emplois, ces jugements s'appuient sur la théorie néoclassique du marché du travail qui postule que le salaire est le reflet de la productivité (...) et sur la théorie de Baumol. »

Or le niveau de rémunération n'est pas égal à la productivité individuelle. Dans un ouvrage très complet publié en 2022[1], Palier et son coauteur, Clément Carbonnier, approfondissent cette question : « La

1. *Les Femmes, les jeunes et les enfants d'abord. Investissement social et économie de la qualité*, Bruno Palier, Clément Carbonnier, PUF, 2022.

vision très essentialiste de la croissance des inégalités est souvent liée à une considération relativement idéale des marchés du travail, dans laquelle le salaire serait égal à la productivité marginale du travailleur », écrivent-ils. En effet, l'idée défendue par la théorie économique classique, c'est que les salaires reflètent parfaitement la contribution de chaque salarié à la production. Avant d'embaucher une personne de plus, un employeur se demande si l'embauche est rentable (si elle permet de rapporter plus qu'elle ne va coûter). Pour un niveau d'équipement donné (bureaux, machines, usines, etc.), le surcroît de production que permet l'embauche d'un salarié supplémentaire diminue rapidement (s'il faut louer un autre bureau ou acheter des nouveaux équipements, par exemple, ça risque de ne pas être rentable). Dès que le surcroît de production est inférieur au salaire, alors on n'embauche plus. Le salaire versé doit être égal à ce que rapporte le salarié. C'est à ce moment-là que le salaire est égal à la productivité « marginale » du travail[1]. Hélas, la réalité est tout autre...

Car contrairement au doux rêve des économistes classiques, les marchés sont imparfaits, évidemment. Et la productivité marginale (le supplément de production permis par une heure supplémentaire de travail) n'est que rarement mesurable. En réalité, tout dépend du pouvoir de négociation des

1. L'analyse microéconomique classique est « marginaliste » : elle considère que les chefs d'entreprise rationnels ne doivent produire que tant que le prix de vente est supérieur au coût marginal, par exemple. En math, cela correspond à des calculs de dérivées. Les microéconomistes adorent les mathématiques et se fichent de la réalité de l'économie.

travailleurs, des conventions sociales et des institutions qui structurent les marchés. De moins en moins de travailleurs sont syndiqués[1] en France. Et hors service public, les syndicats n'ont jamais été puissants dans les services de proximité.

La redoutable question de la valeur des services

La stratégie économique de notre pays, soutenue par des théories productivistes fumeuses, a en quelque sorte « institutionnalisé » la dichotomie entre les « productifs » et les « non-productifs », explique Palier dans sa note de 2020. On a une nouvelle économie dans laquelle il y a « des servants pour les cerveaux », où l'on observe « l'émergence d'une nouvelle classe supérieure, diplômée, bien rémunérée, vivant au cœur des grands centres urbains, et d'une classe de personnes à leur service, que ce soit pour faire leurs travaux ménagers (...), s'occuper de leurs enfants, leur prodiguer des soins personnels, les servir dans les restaurants, les conduire ou construire leur maison ». Pour le chercheur, cette polarisation devrait être combattue en misant sur la *qualité* des services et la « montée en gamme » de toute l'économie.

Mais sur quoi peut bien reposer la *qualité* dans les services, si ce n'est pas seulement sur les qualifications des travailleurs concernés ? Ayant été

1. Ils sont environ 10 % en France aujourd'hui contre 20 % au début des années 1970. C'est l'un des taux de syndicalisation les plus bas de l'Union européenne.

enseignante pendant neuf années, je me suis souvent posé cette question. On a tendance à se focaliser sur les formations et les diplômes, dans l'idée que c'est ce qui permettra d'augmenter la qualité d'un service. Je n'ai rien contre car plus les formations sont importantes, plus vous pouvez faire valoir des rémunérations importantes. Mais la formation ne suffit pas toujours à la qualité dans les services.

Les « bons » enseignants ne sont pas nécessairement ceux qui ont obtenu les meilleures notes au concours. De même, les « bonnes » infirmières ne se distinguent pas forcément par leurs qualifications (même si ces qualifications peuvent servir à signaler les compétences au moment du recrutement). Une « bonne » femme de ménage n'est pas celle qui aurait à coup sûr suivi davantage de formations. Non, ce qui compte souvent avant tout, c'est la qualité de la relation humaine et son « effet multiplicateur ».

L'effet multiplicateur de la relation humaine

Je m'amuse ici à convoquer l'expression « effet multiplicateur[1] », que l'on rencontre souvent en économie. Après tout, peut-être faut-il combattre le feu par le feu ? Je suis convaincue qu'il y a dans la solidité et la qualité de la relation humaine inhérente à tout service de proximité un effet multiplicateur très puissant. La confiance, l'écoute, le suivi, l'empathie,

---

1. Un « effet multiplicateur » est constaté quand une variation initiale d'un élément à l'entrée d'un système (un « intrant ») provoque une variation finale plus importante à la sortie. En gros, c'est quand 1 + 1 = 3.

voire l'amour ou l'amitié augmentent la qualité et l'impact d'un service bien au-delà de ce qui est habituellement mesuré.

Il existe un type de relation où l'effet multiplicateur de la relation de service a été théorisé : la psychanalyse. En psychanalyse, on parle de *transfert* quand le patient développe du désir (ou du rejet) ou un sentiment d'amour (ou de haine) pour son psychanalyste parce qu'il transfère sur lui des désirs inconscients de son histoire personnelle. Le transfert fait partie intégrante de la cure psychanalytique[1]. Il se retrouve d'ailleurs dans d'autres types de relations (avec un professeur, une infirmière ou un coach, par exemple).

Mais dans toutes les relations humaines de service on retrouve cet effet multiplicateur. La confiance et la sympathie que vous inspire un vendeur vous feront valoriser beaucoup plus l'achat que vous faites (et vous feront peut-être acheter plus, ce qui est un autre effet multiplicateur). L'écoute et l'empathie déployées par un médecin font non seulement partie intégrante de la relation de soin, mais elles en augmentent l'effet dans des proportions considérables : elles soignent aussi. La relation de soin n'est pas qu'une affaire de savoirs techniques : l'écoute et la pédagogie sont indispensables !

Je me rappelle ce beau roman de Martin Winckler intitulé *Le Chœur des femmes*, dans lequel le

1. Je précise que le transfert n'a rien à voir avec la « gentillesse » du psychanalyste ! Je veux seulement illustrer le fait que la relation entre deux personnes est ce qui est déterminant.

personnage principal, une jeune chirurgienne en gynécologie, se désole de devoir passer des mois à assister un généraliste qui passe son temps à *écouter* les femmes qui passent dans son cabinet. « J'ai reçu une formation hors pair, je sais tout ce que doit savoir un gynécologue chirurgien pour opérer, réparer et reconstruire le corps féminin. Alors, je ne peux pas – et je ne veux pas – perdre mon temps à écouter des bonnes femmes épancher leur cœur et raconter leur vie. » Évidemment, le roman décrit sa découverte de l'importance de l'écoute et de ce qui fait réellement un « bon » médecin.

Je précise au passage qu'en matière de médecine, ce sont les femmes qui ont le plus à gagner à l'effet multiplicateur de la relation humaine. Elles sont plus nombreuses à subir les conséquences d'une piètre écoute. De nombreuses études ont montré qu'elles attendent en moyenne plus longtemps un diagnostic médical et qu'elles s'entendent dire plus souvent que c'est « dans leur tête[1] ». Très concrètement, la douleur des femmes est moins prise au sérieux que celle des hommes : Judith Aquien, dans *Trois Mois sous silence*, cite une étude américaine de 2008[2] démontrant « qu'après avoir fait part de maux

1. Voir cet article britannique : « Everybody was telling me there was nothing wrong », Maya Dusenbery, *BBC*, 29 mai 2018. La journaliste explique par le menu comment les biais de genre provoquent des erreurs de diagnostic et des décès.

2. Esther H. Chen *et al.*, « Gender Disparity in Analgesic Treatment of Emergency Department Patients with Acute Abdominal Pain », *Academic Emergency Medicine*, vol. 15/5, 2008 ; cité par Judith Aquien dans *Trois Mois sous silence. Le tabou de la condition des femmes en début de grossesse*, Paris, Payot, 2021.

exactement semblables, les hommes ont attendu en moyenne 49 minutes avant de recevoir des analgésiques et les femmes en moyenne 65 minutes ». En outre, aux États-Unis toujours, les chercheurs estiment que les erreurs de diagnostic sont à l'origine de 40 000 à 80 000 décès par an, parmi lesquels une majorité de femmes, et particulièrement de femmes noires[1].

Enfin, pour revenir à l'effet multiplicateur qui peut exister dans une relation pédagogique, *It's not what you know, it's who you know* (« Ce qui compte, ce n'est pas ce que vous savez mais qui vous connaissez ») disent les anglophones. Dans la relation pédagogique, il se passe beaucoup de choses qu'on ne trouve pas dans la seule transmission des connaissances rendue possible par un cours, par exemple. Un bon enseignant ouvre de nouveaux horizons et crée des vocations. On s'identifie à lui, à elle. Combien de jeunes gens doivent leur parcours à un enseignant passionné qui a su nourrir une relation humaine riche et inspirante avec ses élèves ? La différence entre un professeur qui sait intéresser et rendre vivantes ses connaissances et un autre qui dispense son savoir comme une encyclopédie est immense. Si on pouvait la valoriser en points de PIB[2] l'effet multiplicateur de la relation pédagogique

---

1. « How discrimination can harm black women's health », Harvard T.H. Chan School of Public Health, 2018.

2. Ce ne serait pas impossible à mesurer. En 2012, une grande étude américaine a suivi 2,5 millions d'élèves sur vingt ans pour montrer à quel point la différence est grande entre les bons et les mauvais enseignants. En moyenne, les élèves qui ont eu des bons professeurs ont une carrière plus rémunératrice (c'est mesurable).

serait indéniable ! Hélas, rien n'est mis en place pour mesurer cet effet. Il en va de l'enseignement comme des autres services de proximité, on en sent la valeur surtout quand on en est privé : c'est alors que l'on mesure pleinement la perte de sens et de contenu qu'un mauvais service entraîne.

La récente mise en place de « caisses de bavardage » par Carrefour qui teste actuellement ce nouveau dispositif venu des Pays-Bas[1] est édifiante à cet égard : il s'agit d'ouvrir des caisses qui s'extraient de l'obligation productiviste (plus de clients en moins de temps pour plus de bénéfices) pour permettre aux personnes isolées de prendre le temps d'un moment de convivialité avec le caissier ou la caissière. On assiste ici à une prise de conscience de la richesse des relations humaines dans les services de proximité et de l'inadéquation du concept de productivité dans ce contexte.

Si ce type d'initiatives peut donner espoir d'une certaine prise de conscience de l'inhumanité de la productivité dans nos vies, n'oublions pas que cette dernière prend ses aises partout, y compris dans la vie de chacun, sur les plans personnel et professionnel…

1. « "Blabla caisses" : des espaces pour recréer du lien social dans les supermarchés », *La Dépêche*, 31 janvier 2022.

QUATRIÈME PARTIE

La productivité appliquée à l'individu : le grand malentendu

Comme je l'ai expliqué dans les premières parties de cet ouvrage, la productivité est à la fois un concept et une logique qui maltraitent notre économie et notre écologie au sens étymologique de ces termes : l'économie, c'est l'administration du foyer (de la maison) et l'écologie, ce sont les relations que nous entretenons avec les autres et avec le monde vivant. À ce titre, c'est un sujet avant tout collectif.

Pourtant, la productivité s'immisce toujours davantage dans la sphère personnelle. Rapportée à l'individu, elle est un singulier vecteur d'oppression. De la confusion entre productivité et pouvoir jusqu'au culte de la busy life, *le temps de productivité de chacun devient un enjeu impérieux dans la vie des travailleurs. Et la récente généralisation du télétravail a démontré de manière encore plus aiguë l'urgence qu'il y a à laisser la productivité hors de la sphère individuelle pour préserver la santé physique et psychologique de chacun.*

La relation cachée entre la productivité et le pouvoir

Il n'y a pas que dans les services de proximité que la mesure de la productivité est fumeuse. On peut en dire autant de celle d'une grande partie du travail de bureau. La définition des postes et des tâches qui les composent établit de manière souvent arbitraire un « profil productif » qui est en réalité lié à la position des travailleurs dans la hiérarchie. On attribue la « paternité productive » (plus souvent que la « maternité productive » d'ailleurs) à celui qui a le plus de pouvoir dans l'organisation. Plus vous avez de pouvoir, plus on vous prête de la productivité. Ainsi, on fait passer la productivité pour un sujet individuel alors qu'il ne l'est pas.

Les inégalités galopantes du travail de bureau

L'idée selon laquelle le salaire, c'est-à-dire la valorisation par le marché, est égal à la productivité individuelle a permis de justifier des inégalités croissantes de rémunération. Si on est tellement plus productif, pourquoi ne serait-on pas plus payé ? Mais cet argument est devenu difficile à justifier dans des économies de plus en plus inégalitaires. Les P-DG américains ont vu leur paye augmenter de 1 322 % depuis 1978[1]. En 2020, ils ont été payés 351 fois plus que le travailleur américain moyen. Sont-ils 351 fois plus productifs que leurs salariés en moyenne ? Les P-DG français ne sont pas en reste – bien que beaucoup moins productifs, manifestement, que leurs homologues américains ! – puisqu'ils sont payés 73 fois plus[2] que les salariés de leur entreprise en moyenne.

En fait, là où le travail est collectif, le partage des tâches et de leur « mérite » respectif dans la productivité globale se fait de manière plus ou moins inégalitaire en fonction du contexte politique, idéologique et réglementaire et de l'état du marché du travail. Là encore, la productivité est une justification *a posteriori* du partage du gâteau des rémunérations. Et comme on n'est jamais déçu en la matière, ce partage est genré : les postes réputés les plus « productifs » (et donc les mieux rémunérés) sont majoritairement entre les mains des hommes tandis que les postes « improductifs » sont confiés à des femmes.

1. Le chiffre vient du *think tank* américain The Economic Policy Institute : « CEO pay has skyrocketed 1,322 % since 1978 », Lawrence Mishel, Jori Kandra, 10 août 2021.

2. France Inter « Un patron peut-il gagner 1 128 fois plus que ses salariés ? », 1er janvier 2021.

L'exemple archétypique du binôme patron/secrétaire

Prenez le couple bien connu du patron homme et de l'assistante femme (souvent livrée avec un plaisant possessif : on parle volontiers de « sa secrétaire »). Le patron est censé être beaucoup plus « productif » parce qu'il a les idées, le génie des affaires et la vision stratégique. La secrétaire est une exécutante qui gère le calendrier de son patron, les aspects logistiques, pratiques et administratifs, mais aussi sa communication, une partie de son courrier. Elle fait l'interface avec l'extérieur. À certains égards, elle incarne la fonction « reproduction » de la force de travail face à la « production » que serait la fonction du patron.

Le fait que les tâches administratives et de communication soient considérées comme subalternes et moins productives peut faire l'objet d'une discussion qui rappelle celle sur les services de proximité : si ces tâches rendent le travail « productif » possible, alors elles sont « essentielles » et devraient se voir attribuer au moins une part du mérite productif. Pourquoi les tâches réputées féminines, comme communiquer avec les clients, les fournisseurs et les salariés, seraient-elles moins valables ? Mais même en admettant qu'elles aient moins de « valeur », on peut remettre en question le caractère artificiel de la division des tâches dans le couple patron/secrétaire.

En effet, même lorsque la secrétaire a des idées géniales, c'est probablement le patron (ou la patronne) qui les reprendra à son compte. Est-ce courant ? Nul ne le sait puisque l'histoire est écrite par les patrons plus que par les secrétaires. Combien de secrétaires n'ont jamais été remerciées pour leurs idées géniales et stratégies bien pensées ? Combien de patrons étaient en réalité des imbéciles portés entièrement par leur secrétaire ? Impossible de le dire. C'est comme l'histoire des grands hommes qui a ignoré ou effacé le rôle des femmes.

La figure de la secrétaire géniale dont le mérite est nié par un patron macho médiocre a été un thème récurrent du féminisme « corporate » des années 1980. Je garde un souvenir ému du film *Working Girl*[1] que j'ai découvert petite fille, où l'on voit une jeune secrétaire, incarnée à l'écran par Melanie Griffith, se battre pour faire reconnaître son talent et ses idées. Elle se heurte constamment au sexisme (et au harcèlement sexuel) de ses patrons mâles. Le jour où elle finit par avoir une patronne femme, elle pense que son mérite sera enfin reconnu. Hélas, elle se prend alors le mépris de classe et la rivalité féminine dans la figure (rivalité caractéristique d'un monde où la pénurie des places de pouvoir réservées aux femmes rend terrible la lutte pour parvenir au sommet de la hiérarchie). Quoi qu'elle fasse et quelle que soit sa « productivité » réelle, on ne lui en attribue jamais le mérite. C'est la position qui veut ça.

---

1. *Working Girl*, c'est le titre d'un film réalisé par Mike Nichols, sorti en 1988. On y voit deux femmes, incarnées par Sigourney Weaver et Melanie Griffith (l'une est patronne, l'autre, secrétaire) se disputer le « mérite productif »… et les faveurs d'un homme (Harrison Ford). L'histoire finit bien parce que le film reste un monument de propagande pour l'*American Dream* et le fait que le travail finit toujours par payer.

La réalité sexiste de la vie de bureau

Bien sûr, ce couple du patron et de sa secrétaire a un peu de plomb dans l'aile. C'est un imaginaire sexiste qui rappelle tant le XXe siècle qu'on l'a fort heureusement largement révisé depuis. Pourtant, les mécanismes profonds de partage du mérite productif se retrouvent dans d'autres situations plus contemporaines. Les idées, le génie créatif et les visions stratégiques continuent d'être plus largement attribués aux hommes qu'aux femmes dans les entreprises. On attribue notamment plus de *productivité* à celles et ceux qui ont plus d'*autorité*. Or l'autorité est inégalement partagée.

Ce sentiment vague qu'ont de nombreuses femmes qu'il existe un décalage (genré) d'autorité a fait l'objet de travaux intéressants relayés dans un ouvrage paru en 2021[1] intitulé *The Authority Gap*. Dans ce livre, Mary Ann Sieghart analyse, études à l'appui, la manière dont les compétences des femmes sont sous-estimées et leur autorité est déniée. « Le fossé de l'autorité est une mesure du degré de sérieux que nous accordons aux hommes par rapport aux femmes. Nous avons tendance à supposer qu'un homme sait de quoi il parle jusqu'à preuve du contraire. Alors que pour les femmes, c'est trop souvent l'inverse et, par conséquent,

---

1. Mary Ann Sieghart, *The Authority Gap : Why Women Are Still Taken Less Seriously Than Men, and What We Can Do About It* (Le Fossé de l'autorité : pourquoi les femmes sont moins prises au sérieux que les hommes et ce qu'on peut faire), New York, Doubleday, 2021, non traduit en France à ce jour.

les femmes ont tendance à être davantage sous-estimées. Elles ont tendance à être plus interrompues, plus critiquées. Elles doivent davantage prouver leurs compétences et nous nous sentons souvent mal à l'aise lorsqu'elles sont en position d'autorité », explique-t-elle.

Dans les années 2010, les féministes américaines ont imaginé plusieurs néologismes pour décrire la manière dont les hommes accaparent le temps de parole, l'expertise et le mérite des idées dans une discussion collective. D'abord, ils interrompent davantage les femmes quand elles parlent (d'ailleurs les femmes elles-mêmes interrompent davantage les autres femmes) – c'est ce qu'elles ont appelé le *manterrupting.*[1] Ensuite, ils leur expliquent ce qu'ils savent d'un sujet sans se préoccuper de ce qu'elles savent précisément – c'est ce qu'elles ont appelé le *mansplaining*[2]. Ils s'assurent ainsi que si une bonne idée circule, c'est surtout de leur propre bouche qu'on l'entendra.

Le fait que les femmes soient davantage interrompues que les hommes est un phénomène réel et documenté. Mais elles ne sont pas seulement interrompues par des hommes. Elles sont interrompues par les hommes *et* les femmes, selon une étude

1. « Manterrupting » est un mot-valise composé des mots *man* (homme) et *interrupt* (interrompre). En français, on a imaginé le traduire par « hommeterruption » ou « mecterruption », mais il faut reconnaître que personne n'utilise la version française du concept.

2. « Mansplaining » est un mot-valise composé des mots *man* et *explain* (expliquer). La version française du concept, « mecsplication », n'a pas pris non plus.

de 2014 de l'université George Washington[1]. En moyenne, les femmes de l'étude ont interrompu les femmes 2,9 fois au cours d'une conversation de trois minutes, et les hommes ont interrompu les femmes 2,1 fois, tout en interrompant les autres hommes 1,8 fois. Autrement dit, pour reprendre le concept de Mary Ann Sieghart, le fossé de l'autorité est aussi intériorisé par les femmes elles-mêmes.

Mais tout cela suppose encore qu'il existe bien un « mérite productif » que l'on pourrait attribuer à une personne plutôt qu'à une autre si seulement les choses étaient claires et transparentes et qu'on laissait parler les gens. En réalité, dans les projets collectifs, c'est justement une forme d'intelligence collective qui prévaut, qui se nourrit de l'apport des uns et des autres pour la création de quelque chose de meilleur. C'est le partage et la circulation des informations qui permettent la productivité intellectuelle. Même les écrivains le savent : c'est dans l'*intertextualité*[2] que tout se joue. En somme, on aurait bien tort de ramener la productivité à un ou plusieurs hommes (ou femmes) car c'est en

1. L'étude en question est intitulée « Influence of Communication Partner's Gender on Language », Adrienne B. Hancock, Benjamin A. Rubin, *Journal of Language and Social Psychology*, mai 2014.

2. Roland Barthes écrit que « tout texte est un *intertexte* ; d'autres textes sont présents en lui à des niveaux variables, sous des formes plus ou moins reconnaissables : les textes de la culture antérieure et ceux de la culture environnante ; tout texte est un tissu nouveau de citations révolues ». Mais dans une belle mise en abyme, bien d'autres avaient parlé d'intertextualité avant lui. Déjà Montaigne : « Nous ne faisons que nous entregloser. »

additionnant les talents qu'on multiplie la créativité. Dans une œuvre collective, on serait donc bien en peine d'attribuer des points de productivité à chacun au mépris des positions de pouvoir.

L'exemple du monde de l'art : le créateur et les laborieuses ouvrières

Le domaine qui illustre le mieux ce phénomène, c'est le monde de l'art. Au cinéma ou au théâtre, par exemple, chaque œuvre est portée par des centaines (voire milliers) d'individus, mais on attribue l'essentiel de la « paternité » du génie créatif à quelques-uns seulement. « Dans les faits, le titre d'auteur – qui ouvre des droits, sonnants et trébuchants – comme le qualificatif de créateur – reconnaissance symbolique qui permet en outre d'accéder à la direction de certaines institutions – sont réservés », écrit Reine Prat dans un livre consacré au monde de la culture, intitulé *Exploser le plafond*[1].

Reine Prat en est convaincue : la figure même de l'*artiste* est une construction historique qui continue de desservir les femmes. Avec l'émergence, à la Renaissance, de la figure de l'artiste créateur, c'est un archétype essentiellement masculin qui est alors monté en puissance, dont il reste des traces importantes aujourd'hui. Au cinéma, par exemple, pourquoi la paternité de l'œuvre revient-elle au réalisateur ? « On sait que le film est fait par le monteur

1. Reine Prat, *Exploser le plafond. Précis de féminisme à l'usage du monde de la Culture*, Paris, Rue de l'échiquier, 2021.

ou la monteuse[1] au moins autant que par le réalisateur, cela a été théorisé notamment par Sergueï Eisenstein, lui-même monteur de ses films », explique-t-elle. Autrement dit, le partage de la reconnaissance est arbitraire et reflète davantage les rapports de domination que le « mérite » artistique.

Ce que le livre de Reine Prat dit du monde de la culture peut s'appliquer au moins en partie au monde de l'entreprise. Combien de femmes sont-elles qualifiées de « génies » des affaires ou de « visionnaires » du monde de la technologie ? Pourquoi les leaders « charismatiques » sont-ils presque toujours des hommes ? Et pourquoi, quand quelques rares femmes se hissent au sommet, existe-t-il toujours un « double standard », qui fait que le même comportement toxique est condamné chez elles alors qu'il est souvent valorisé chez les hommes ? Pour l'autrice d'*Exploser le plafond*, c'est à mettre au compte de cette distinction que l'on fait entre l'artiste et l'homme[2] (comme on l'a fait à propos du réalisateur Roman Polanski, condamné

1. Au cinéma, il y a encore peu de femmes réalisatrices (environ 23 % au total), mais elles représentent plus de 45 % des monteurs, comme le montre un rapport de février 2017 sur « La place des femmes dans l'industrie cinématographique et audiovisuelle » par le CNC.

2. Peut-on vraiment séparer les qualités humaines des qualités professionnelles ? Je ne peux oublier ce sketch de la comédienne Blanche Gardin à propos de ce monde du cinéma qui offre une place de choix aux réalisateurs accusés de viols : « Et c'est bizarre d'ailleurs que cette indulgence ne s'applique qu'aux artistes. Parce qu'on ne dit pas, par exemple, d'un boulanger : "Oui, d'accord, c'est vrai, il viole un peu des gosses dans le fournil, mais bon il fait une baguette extraordinaire." »

pour viol). « On a noté que cette exonération du droit commun, qui relève de la police et de la justice, se double d'une persistance, propre au milieu culturel lui-même, à récompenser, glorifier, rendre hommage publiquement à l'individu délinquant au prétexte que c'est l'artiste et non l'homme qu'on distingue ainsi. »

Robert Sutton, dans un livre célèbre à propos des « sales cons[1] » en entreprise, abonde en ce sens : accepté, voire promu, parce qu'on lui prête une productivité extraordinaire, « le sale con dégrade l'ambiance de travail, altère la performance de l'entreprise. Pire encore, il est un obstacle à votre épanouissement et à votre réussite. Pourtant, il peut être facilement identifié, puis neutralisé ». Le sale con a un effet néfaste sur la performance collective mais on se laisse aveugler par sa performance individuelle.

Est-ce que l'on doit tolérer un comportement toxique chez un individu (quel que soit son genre) au nom de sa productivité ou de sa créativité individuelle exceptionnelle ? Si certains managers et professionnels des ressources humaines le pensent, c'est qu'ils ne prennent pas en considération les « externalités négatives » d'un comportement toxique. L'erreur consiste ici à individualiser la mesure de la productivité : si l'individu soi-disant productif dérange les autres, les harcèle ou les démotive, alors son impact sur la productivité globale est négatif. Mais en ne regardant que la productivité individuelle, on accusera les victimes de son comportement toxique d'être

1. Robert Sutton, *Objectif zéro-sale-con*, Paris, Pocket, 2012.

trop faiblement productives. Pour ce qui relève des comportements de harcèlement, l'individualisation de la productivité empêche qu'on les éradique. Elle a un effet délétère sur l'ambiance collective au sein d'une équipe.

Le culte de la productivité individuelle *au détriment de la productivité* collective

Toutes les tâches qui favorisent la productivité collective passent inaperçues. Il s'agit de tout ce qui renforce le partage des informations, la sécurité affective de l'équipe, le bien-être collectif et la qualité de la collaboration. Elles ne sont pas considérées comme « productives » et ne figurent pas sur les fiches de poste. Elles ne valent pas rémunération. Or ce sont les femmes qui en portent la charge de manière disproportionnée au travail – collecter des dons pour l'anniversaire ou le départ d'un collègue, s'occuper de la décoration de Noël, s'enquérir de la santé des uns et des autres. Au bureau comme à la maison, la « charge émotionnelle[1] » est portée davantage par des femmes[2].

---

1. La *charge émotionnelle* (ou charge affective), c'est la propension à se soucier des autres et à chercher à leur offrir des signes d'affection et d'attention. Le concept a été popularisé en France par une bande dessinée publiée en 2018 par Emma qui la définit comme « le souci de mettre son environnement à l'aise aux dépens, souvent, de leur propre confort à elles ». Emma dénonce le fait que cette charge est portée davantage par les femmes.

2. Pauline Rochart a publié un bel article sur le sujet, intitulé « Au bureau comme à la maison, la charge affective pèse sur les femmes » (*Welcome to the Jungle*, 8 décembre 2021),

Il n'y a pas que les tâches affectives et empathiques qui sont portées surtout par des femmes. Il y a aussi toutes ces tâches « subalternes » qui leur tombent dessus dans tout projet d'équipe : gérer le calendrier, assurer l'intendance et la logistique d'un projet collectif, prendre des notes lors d'une réunion et, le cas échéant, assurer la communication du projet. Finalement, la secrétaire est loin d'être morte, et c'est toujours bien souvent une femme ! Puisque ces tâches sont réputées moins « productives » et sont moins valorisées, ça leur tombe forcément dessus. Puisqu'on ne valorise que la productivité individuelle, tout ce qui renforce la productivité collective ne compte pas.

On pourrait me rétorquer qu'il existe des domaines où la productivité individuelle se mesure bien : le travail commercial, par exemple. Après tout, le chiffre d'affaires attribué à un commercial n'est-il pas un indicateur de performance individuelle qui dit beaucoup du talent « productif » d'un vendeur ? Parfois, oui. Mais au risque de vous décevoir, même là, on peut douter de la pertinence de la mesure lorsqu'on regarde la diversité des situations dans le détail. Dans certaines entreprises, les femmes commerciales se plaignent de se voir confier par leurs supérieurs les dossiers les plus « pourris » et les clients les plus capricieux, tandis que leurs homologues masculins s'attribuent les « grands comptes » et les plus gros clients (faites le test rapidement en regardant qui s'occupe des grands comptes dans les entreprises autour de vous, ça ne peut pas rater !). Le

---

dans lequel elle explique que les femmes sont les « ambassadrices du *care* du bureau ».

résultat, c'est qu'elles vendent moins et obtiennent moins de primes, ce qui sert ensuite à justifier la décision de ne pas leur confier les meilleurs dossiers à venir.

Au final, non seulement la mesure individuelle de la productivité est souvent le reflet d'un partage sexiste et généralement inégalitaire du travail mais, en plus, toutes les tâches essentielles qui nourrissent la productivité collective ne comptent pas. On fait mine de dire merci à celles et ceux qui les font mais, en fait, on les pénalise dès lors que ce travail gratuit altère leur productivité individuelle. Finalement, cette dernière sert surtout à mieux entretenir les écarts de paye et à régenter l'accès au pouvoir.

La productivité comme marqueur de statut social ?

La productivité individuelle – du moins son symptôme principal, à savoir le fait d'être très occupé – est devenue un révélateur de la position sociale des individus. Impératif religieux, elle est parfois devenue une religion à part entière : pour *mériter* sa place sur Terre, il faut être ou avoir été *productif*. Être productif, c'est être *méritant*.

Ce culte productiviste n'a pas toujours eu la forme qu'il a aujourd'hui. Peut-être que le recul du phénomène religieux dans nos sociétés occidentales n'y est pas pour rien : c'est comme si la productivité avait pris sa place ! Pour avoir l'air d'être un bon pratiquant de cette nouvelle religion, il faut paraître occupé, *débordé* même... C'est ainsi que l'on s'est mis à confondre productivité et *busyness* (le fait d'être occupé).

Hélas la productivité individuelle comme marqueur de statut social et de mérite moral coûte beaucoup aux femmes puisque ce qui compte, c'est le travail qui vaut rémunération et valorisation, comme toujours. Même de manière symbolique, les femmes sont les grandes perdantes du culte productiviste…

L'oisiveté, longtemps marqueur de privilège social

Autrefois, le premier marqueur d'un statut social élevé, c'était l'oisiveté. Être bien né, c'était ne pas avoir besoin de travailler pour vivre. Le premier signe d'une appartenance aristocratique, c'était les mains douces que l'oisiveté donnait à celui qui se faisait servir par les autres. Travailler, c'était bon pour les bouseux. Pendant longtemps, les activités des rentiers se devaient de ne surtout pas apparaître comme du travail. Il en est resté des traces dans le monde du sport où, jusqu'au XXe siècle, c'est l'amateurisme qui était roi[1]. Être un « professionnel » était profondément vulgaire. Les bourgeois n'avaient pas d'autre choix que de miser sur une « profession » pour se hisser socialement, mais on leur faisait sentir qu'ils ne seraient jamais vus comme faisant partie du sérail. *Un nouveau riche, quelle vulgarité !*

1. On voit ce conflit entre l'amateurisme et le professionnalisme sportif dans le film *Les Chariots de feu* (*Chariots of Fire*). Dans ce film britannique réalisé par Hugh Hudson (1981), des jeunes athlètes étudiants à Cambridge concourent aux Jeux olympiques de 1924. L'un des personnages, Harold Abrahams, juif, se heurte à l'antisémitisme et à la barrière de classe : le fait qu'il s'entraîne « comme un professionnel » avec un coach, lui vaut le mépris des aristocrates anglais de Cambridge, qui voient cela comme un signe de plus qu'il n'est pas un *gentleman* comme eux.

Le non-travail comme marqueur de statut social était présent chez les bourgeois aussi, qui l'appliquaient à leurs femmes. Pouvoir s'offrir des domestiques et entretenir une épouse qui ne travaillait pas à la maison, c'était la réussite. Si la femme était issue de l'aristocratie, encore mieux. Elle pouvait faire un peu de broderie, de la musique... et surtout faire joli et élever le prestige de la famille. En revanche, en dessous de cette élite semi-oisive, les femmes trimaient sans cesse.

La Réforme : et le culte du travail fut

Et puis, il y a eu la Révolution française, ainsi que la Révolution industrielle britannique et toutes les révolutions culturelles qui l'ont accompagnée. Depuis le Royaume-Uni, l'*ethos* protestant et puritain s'est imposé dans le monde occidental. Pour Max Weber, le sociologue allemand qu'on n'arrête pas de citer quand il s'agit de gloser sur la « valeur travail » à l'âge du capitalisme[1], la Réforme protestante est même à l'origine de l'éthique du travail de notre capitalisme moderne. C'est alors par l'exercice d'une profession qu'on réalise du profit et qu'on monte dans la société.

Le constat de Weber, beaucoup discuté depuis, partait d'une étude statistique de terrain : les protestants travaillaient mieux et gagnaient plus que les catholiques dans les régions où les deux religions

1. *L'Éthique protestante et l'Esprit du capitalisme* (1904-1905) de Max Weber est considérée comme une des œuvres fondatrices de la sociologie moderne.

coexistaient. Et les familles qui étaient déjà riches s'étaient plutôt tournées vers les Églises réformées. Chez Luther, le premier « réformateur », la profession (*Beruf*) est à la fois le métier et la vocation. On se *réalise* par le travail productif.

À la différence du protestantisme luthérien, dans le calvinisme, ce n'est pas grâce au travail qu'on peut accéder au salut. La nature morale de l'humanité est si corrompue et pourrie que les hommes ne peuvent pas échapper à la condamnation devant Dieu. Seul Dieu décide qui aura sa grâce (selon quels critères ? Mystère !). Tous les humains se trouvent donc à sa merci. Certains seront sauvés, d'autres non. Le concept théologique est celui de la *prédestination* : Dieu a choisi de toute éternité ceux qui seront graciés et auront droit à la vie éternelle, et ceux qui seront damnés.

Le travail n'y changera rien. Moi, si j'étais calviniste, je serais bien en peine de me motiver à l'ouvrage, si rien de ce que je peux faire ici-bas ne change quoi que ce soit à mes chances d'être sauvée. Mais étrangement, cela n'empêche pas les calvinistes de travailler comme les autres protestants, peut-être plus encore. Ils ont trouvé un argument que j'aurais envie de qualifier de *diabolique*. Certes, on n'accède pas au salut grâce au travail mais la réussite par le travail est le signe que, probablement, vous faites partie des heureux *élus*, que Dieu vous a choisi. Du coup, vous avez tout intérêt à travailler dur pour « réussir », c'est-à-dire à être le plus productif possible, que vous soyez effectivement élu ou pas, pour faire croire aux autres que vous en êtes !

C'est ainsi que la productivité individuelle est devenue un marqueur de statut, ou plus exactement de *salut*. L'éthique protestante a imprégné notre culture au-delà des seuls éléments religieux de notre société. Elle s'est même laïcisée avec le recul du phénomène religieux. Si bien qu'elle a fini par jouer un rôle même dans la culture française bien que l'influence protestante y soit marginale. Quand, au XXe siècle, les États-Unis sont devenus la première puissance économique mondiale, ils ont aussi inondé le monde de produits culturels qui ont influencé durablement les modèles en Occident[1]. Or l'éthique du travail façon États-Unis est d'autant plus extrême que ce sont les sectes protestantes les plus radicales qui se sont réfugiées dans le pays pour y faire fructifier leurs valeurs laborieuses. Peu importe qu'ils soient luthériens ou calvinistes, la place première du travail dans la vie met tout le monde d'accord. La productivité est un devoir moral, une raison d'être.

Travailler plus pour mériter sa place

Oui, l'influence de la religion s'atténue beaucoup depuis un demi-siècle, même aux États-Unis, et c'est le travail qui est devenu une quasi-religion. Le mythe de la réussite par le travail a été nourri par l'ascension sociale (réelle) de millions d'individus dans les décennies qui ont suivi la Seconde Guerre mondiale.

1. Il reste des différences culturelles importantes entre l'Europe et les États-Unis, notamment sur la place que prend le travail dans la vie.

Recrutés dans toutes les entreprises, grandes et petites, qui ont connu une croissance exceptionnelle, deux (voire trois) générations de jeunes gens pouvaient tabler sur le labeur pour s'enrichir et vivre mieux que leurs parents. Le contrat social fordiste a bien fonctionné pendant plus de trente ans.

Aujourd'hui, la mobilité sociale est plus rare et difficile. La naissance détermine les chances de « réussite » à peu près autant qu'à la fin du XIXe siècle. Alors que les inégalités patrimoniales augmentent de manière spectaculaire depuis près d'un demi-siècle, le travail productif fait de moins en moins la différence. Mais les inégalités de revenus par le travail se sont creusées aussi – entre les emplois qui payent et ceux qui ne permettent pas de s'enrichir. Il y a ceux qui travaillent trop et ceux qui ne travaillent pas assez. Et le fait d'avoir un emploi dans la première catégorie plutôt que la seconde dépend de plus en plus de la naissance. De plus en plus, les richesses se reproduisent aussi par le travail – plus on gagne, plus on gagne.

Le mythe de la méritocratie par le travail, que les enquêtes sur notre système scolaire démentent pourtant année après année,[1] fait mieux avaler la pilule des inégalités. Globalement, les emplois « de

1. La France est hélas « championne des inégalités sociales à l'école » selon l'enquête Pisa 2018 de l'OCDE. Non seulement l'école française ne réduit pas les inégalités sociales, mais elle les accentue ! La France est l'un des pays de l'OCDE où le lien entre le statut socio-économique et la performance dans Pisa est le plus fort (avec une différence de 107 points entre les élèves issus d'un milieu favorisé et ceux issus d'un milieu défavorisé).

riches » vont aux riches, mais puisqu'on croit encore que le travail peut théoriquement changer la donne, les inégalités semblent moins choquantes. En réalité, d'une certaine manière, c'est un peu comme avec le calvinisme : un emploi productif de « riche » envoie au monde le signal que vous êtes « élu ». C'est quelque chose que les rares transfuges de classe ont bien remarqué[1] : le fait qu'ils viennent d'un autre milieu social est étrange, on suppose *a priori* que tout le monde vient du même monde.

Ce mythe de la méritocratie est un outil de domination puissant qui a tendance à écraser les femmes tout particulièrement. En effet, la « réussite » par le travail s'incarne dans des emplois bien rémunérés qui exigent un investissement en temps *a priori* difficilement compatible avec une charge parentale et du travail domestique gratuit. C'est pourquoi il y a beaucoup moins de mères et de femmes en général qui font des « belles carrières » dans la finance, par exemple.

La logique sacrificielle reste dominante dans tous les modèles. Les traders comme les banquiers d'affaires ou encore les entrepreneurs glorifient le surtravail. Ils font parfois des plaisanteries sur le fait de « *faire 35 heures en deux jours* ». Pour eux, réussir par le travail, c'est tout lui donner et tout lui sacrifier. En anglais, on parle de *greedy jobs* (« emplois avides ») à propos de ces emplois bien rémunérés qui exigent un investissement en temps colossal.

---

1. Voir le livre *Et tes parents, ils font quoi ? Enquête sur les transfuges de classe et leurs parents* d'Adrien Naselli, paru en septembre 2021 chez Lattès.

Le poids de ces postes « avides[1] » y est pour beaucoup dans l'écart de « réussite » entre femmes et hommes au travail. Ils excluent la plupart des mères de famille, des aidants et aidantes ainsi que toutes les personnes ne pouvant ou ne voulant pas travailler 70 heures par semaine. Quand on assure la majeure partie des tâches parentales et de la charge émotionnelle du foyer, on préfère le plus souvent renoncer à postuler à des emplois qui exigent qu'on leur donne tout son temps éveillé. Ce modèle de la réussite entretient fortement le mythe de la méritocratie : si on sacrifie tout à son travail, on « mérite » sa réussite. Cela a un effet pernicieux sur celles et ceux qui en sont évincés à cause de leurs contraintes familiales : ne sont-ils – et donc surtout elles – pas assez méritants ?

Les *greedy jobs* et la méritocratie font la paire et se soutiennent mutuellement. Les individus qui occupent ces emplois sont convaincus que parce qu'ils sacrifient toute leur vie à leur travail, ils « méritent » leur réussite, ne doivent rien à personne et n'ont rien à donner aux autres. Dans son livre *The Tyranny of Merit,* l'auteur Michael Sandel explique que la croyance dans la méritocratie nourrit le mépris des autres et la cupidité[2]. « Plus

---

1. L'expression *greedy jobs* a un double sens : ce sont à la fois des emplois avides de temps et valorisant la cupidité (*greed*). La réplique célèbre de Michael Douglas incarnant le financier Gordon Gekko dans le film *Wall Street* (1987) a marqué toute une génération avec sa définition de la réussite : « *Greed is good.* »

2. En France, un autre livre critique sur la méritocratie est paru aux éditions La Découverte en 2021 : *Héritocratie. Les élites, les grandes écoles et les mésaventures du mérite (1870-2020)* de Paul Pasquali.

nous pensons que nous nous sommes faits tout seuls et que nous nous suffisons à nous-mêmes, plus il est difficile d'apprendre la gratitude et l'humilité. Et sans ces sentiments, il est difficile de se soucier du bien commun », écrit-il.

Être busy, *c'est avoir du pouvoir*

Le paradoxe des emplois « avides » qui signalent la richesse et la réussite, c'est que, vu le nombre d'heures que les personnes concernées y consacrent, ils ne sont pas forcément si productifs que ça. Certains diraient que ces gens-là ne sont pas vraiment efficaces s'ils doivent passer leur vie entière au travail, presque sans dormir. C'est que le signe d'élection n'est pas la productivité en tant que telle mais plutôt le fait d'être toujours occupé, de n'avoir presque pas de temps libre et de ne surtout pas trop dormir.

Pour apparaître comme des « gagnants » (des heureux détenteurs d'un emploi avide), certains peuvent vouloir signaler qu'ils sont plus occupés que les autres. C'est certainement pour ça que tant de gens disent tout le temps qu'ils sont « sous l'eau » ! Je trouve cette expression irritante. N'est-ce pas triste qu'il faille signaler son importance de la sorte, en se décrivant comme suffoquant et au bord de la noyade ? Ceux qui l'utilisent beaucoup ont tendance à se prendre terriblement au sérieux.

Si le fait d'être occupé tout le temps est le signal le plus important, alors on alimente une illusion de productivité. Dans son livre *Daring Greatly*, l'autrice Brené Brown, professeure à l'université de Houston, décrit le fait d'être « sous l'eau » comme « une stratégie d'engourdissement qui nous permet d'éviter d'affronter la vérité de nos vies ». Nous préférons dissoudre notre temps dans tout un tas d'activités – n'importe lesquelles – plutôt que de prendre le risque de nous retrouver seuls avec nos pensées. En mode « pilote automatique », nous continuons à abattre des tâches souvent inutiles que quelques moments de recul et de réflexion nous permettraient d'éliminer intelligemment. Eh oui, en réalité, ce sont les plus oisifs d'entre nous qui sont les plus productifs ! Ceux qui se demandent comment en faire moins, si la tâche est vraiment nécessaire et comment on pourrait la faire plus efficacement[1].

La confusion entre productivité et *busyness*[2] a contaminé toutes les dimensions de notre vie. Même la vie domestique en est imprégnée. Dans les années 1950, on a eu beau « combler » les mères au foyer avec des appareils et gadgets ménagers dernier cri censés les rendre plus « productives » à la maison, elles se plaignaient toujours d'être « débordées ». Il y a trois raisons à cela. La première, c'est la stigmatisation morale de l'oisiveté à propos de laquelle je viens d'écrire plusieurs paragraphes. La seconde, c'est qu'avec les appareils ménagers on a élevé les exigences ménagères : désormais, il faut laver et repasser les vêtements quasi quotidiennement, nettoyer les sols plus souvent – il faut que

1. C'était l'idée centrale du livre à *succès La Semaine de 4 heures. Travaillez moins, gagnez plus et vivez mieux !* de Timothy Ferris.

2. Le fait d'être toujours occupé (*busy*). Le mot français « occupation » ne traduit pas bien le mot anglais.

tout soit *nickel* tout le temps. Avec l'apparition de ces machines qui les rendaient effectivement plus *productives*, les femmes ont dû produire tellement plus de propreté qu'elles n'ont pas vraiment gagné de temps.

La troisième raison, c'est la *loi de Parkinson.* Imaginée dans les années 1950 par un certain Cyril Northcote Parkinson (aucun rapport avec la maladie), elle dit que tout travail a tendance à gonfler et s'étaler jusqu'à occuper le temps qui lui est affecté. Donc si vous avez plus de temps pour réaliser une tâche, la réalisation de cette tâche durera forcément plus longtemps. Les humains, comme la Nature, ont horreur du vide : ils le remplissent avec ce qu'ils ont. C'est probablement aussi pour ça que les ménagères étaient si débordées.

Busyness *et productivité :*
la grande arnaque pour les femmes

Nous continuons d'entretenir la confusion entre productivité et occupation frénétique dans tous les domaines de notre vie[1]. Il en va par exemple de la boîte mail, dont le remplissage et le « dépilage » font partie des signes extérieurs de « réussite » les plus

1. La confusion entre productivité et *busyness,* c'est l'une des raisons pour lesquelles les publications de développement personnel sur la *productivité* me donnent des boutons. Mais parmi les conseils de productivité pas idiots, il y a tout de même la célèbre matrice d'Eisenhower, également appelée matrice urgence-importance. Ce que dit la matrice, c'est que si une tâche n'est ni urgente ni importante, il n'y a aucune raison de la faire.

évidents : si vous avez beaucoup de mails, c'est que vous devez être très sollicité et très important. Et s'occuper de ses mails, que cela soit effectivement « productif » ou pas (combien de mails ne servent à rien ?), cela peut occuper beaucoup de vos heures. Cela atteint aussi tous les éléments de la vie que l'on tente de « productiviser » davantage : faire du sport, éduquer ses enfants, se former et se cultiver... Peu importe la productivité, l'essentiel, c'est qu'on soit « sous l'eau ».

Mon intuition, c'est que la culture du surtravail et la confusion productivité/*busyness* sont particulièrement préjudiciables aux femmes (et elles le sont pour tout le monde) pour plusieurs raisons. Comme le travail gratuit n'est pas aussi valorisé que le travail rémunéré, être occupé à préparer le repas ou étendre le linge ne donne pas le même statut. Toutes les études montrent que les femmes sont effectivement plus débordées en moyenne (la fameuse double journée) mais puisque tout le monde se prétend débordé, on ne voit pas la différence et les femmes ne peuvent même pas le revendiquer comme un fardeau propre et genré. *Enfin, moi aussi, je suis débordé. Tout le monde est débordé !*

Ensuite, les *greedy jobs,* ces emplois gourmands en temps que j'ai déjà évoqués, érigent des barrières à l'entrée qui sont particulièrement discriminantes pour les femmes parce qu'une grande partie d'entre elles assurent davantage de travail gratuit domestique. Les détenteurs de ces emplois-là (plus souvent des hommes que des femmes) n'ont d'autre choix que de rentrer plus tard à la maison et « sécher » davantage le travail gratuit des repas et du coucher des enfants.

Et puis, la loi de Parkinson fait qu'on remplit ses journées avec les tâches de travail : comme le travail rémunéré est plus valorisant, il peut servir d'excuse pour laisser aux autres (aux femmes) le travail gratuit. *Je suis débordé, je n'ai pas le choix*. On aurait envie de demander à ces gens-là : est-on efficace quand on est débordé ? Surtout que la dévalorisation du travail gratuit, que nous avons intériorisée, conduit à des aberrations : plutôt que de passer plus de temps improductif avec ses enfants, on va parfois *préférer* répondre à ses mails ou parfaire sa présentation Powerpoint du lendemain avec la sensation de mieux utiliser son temps...

Le temps, nouveau graal du travailleur

Comme l'écrit l'auteur Oliver Burkeman dans un beau livre intitulé *Four Thousand Weeks*[1] (le titre fait référence aux quelque 4 000 semaines de vie d'un humain *lambda*), la gestion d'un temps limité, c'est LE sujet de nos vies. Mais la *productivité* a transformé ce sujet existentiel en une affaire des plus étriquées qui consiste à trouver comment caser le plus de tâches possible dans sa semaine. « On aurait pu penser qu'il y aurait au moins une poignée de livres de productivité qui prendraient au sérieux la dure réalité de la brièveté de la vie, au lieu de prétendre que nous pouvons tout simplement ignorer le sujet. Mais non », écrit-il.

1. Oliver Burkeman, *Four Thousand Weeks: Time and How To Use It*, Londres, The Bodley Head, 2021.

À la recherche du temps perdu

On s'abreuve constamment de conseils de productivité pour mieux « optimiser » sa vie grâce à une meilleure productivité… avec toujours le même résultat : plus on *optimise*, moins on a de temps et plus on est insatisfait. Plus vous vous efforcez de contrôler votre temps, de le soumettre à votre programme, plus il vous échappe. C'est un peu comme avec les régimes amincissants : plus vous cherchez à perdre du poids et faire rentrer votre corps dans les critères étroits de la minceur, plus vous prenez finalement du poids et détestez votre corps. C'est une spirale infernale.

Burkeman cite l'anthropologue américain Edward T. Hall pour qui le temps ressemble à une bande transporteuse sur une chaîne de montage[1] : de nouvelles tâches arrivent aussitôt que vous vous êtes débarrassé des anciennes. Devenir plus productif, cela revient à accélérer la cadence de la chaîne de montage. Cela s'illustre très bien avec la boîte mail : plus vous la « dépilez », plus vite les nouveaux mails arrivent. En effet, plus vous écrivez de messages, plus vous recevrez de réponses de vos correspondants. Et puis, on a tendance à solliciter davantage les personnes les plus réactives par mail. Autrement dit, cette productivité augmente la cadence de travail.

Pour lui, « la productivité est un piège ». Devenir plus efficace vous rendra toujours plus occupé car vous en ferez toujours plus. « Le jour où vous aurez

1. L'image la plus parlante, c'est celle de Charlie Chaplin, ouvrier dans *Les Temps modernes*.

enfin tout sous contrôle n'arrivera jamais. » Par ailleurs, cet état d'esprit nous fait toujours vivre dans le futur. Le sentiment d'être « sous l'eau » est exacerbé par chacune de nos tentatives de « sortir la tête de l'eau ». Mentalement, nous vivons dans un futur fictif où, enfin, nous pourrons flotter au-dessus de l'eau.

Une vie toujours tournée vers un futur plus appréciable

On retrouve bien cette idée d'un rapport au temps maladif et d'une vie toujours conjuguée au futur dans cette fable du pêcheur mexicain et du milliardaire américain que l'on m'a racontée plusieurs fois. Un milliardaire américain fort en affaires est en visite dans un petit village de la côte mexicaine. Alors qu'il déguste un poisson, il discute avec un pêcheur qui lui raconte qu'il ne pêche que quelques heures par semaine tandis qu'il passe l'essentiel de son temps à jouer avec ses petits-enfants, prendre le soleil et faire la sieste. Le milliardaire s'en étonne : « Mais vous pourriez rester en mer plus longtemps, pêcher plus de poissons, puis acheter d'autres bateaux pour pêcher plus de poissons, construire une belle entreprise... et en vingt ans, vous pourriez devenir riche ! » Le pêcheur lui demande à quoi cela servirait-il et le milliardaire lui répond : « Alors, vous pourrez prendre votre retraite, jouer avec vos petits-enfants, prendre le soleil et faire la sieste. »

Quand on se retrouve à toujours vivre mentalement dans le futur, alors on situe la valeur de sa vie à un moment dans le temps non encore atteint (et qui ne sera jamais atteint puisque sans arrêt repoussé).

Le présent n'existe que comme *moyen* d'arriver à un état futur supérieur. Il ne peut se suffire à lui-même. Burkeman raconte que, pour lui, ancien expert en productivité personnelle, le moment de révélation a été celui où il est devenu père. Plongé alors dans l'instant présent de la vie avec son enfant, il s'est mis à voir à quel point les conseils de productivité comme ceux qui concernent la parentalité sont tournés vers le futur et ignorent le présent. Par exemple, il s'agit de faire des activités avec un enfant non pour le bonheur de l'instant présent mais pour les préparer à entrer dans la classe supérieure. Si tout moment de la vie se justifie par un but futur, alors on a une vision *télique*[1] du temps, c'est-à-dire que le temps est instrumentalisé et le moment présent perd son sens.

Nous passons donc notre temps à poursuivre les objectifs divers et variés que nous souhaitons atteindre, ce qui nous condamne à une insatisfaction permanente, car il n'y a que deux scénarios possibles : soit l'objectif n'est pas encore atteint, et on en est frustré et insatisfait, soit il est enfin atteint, et on est plus insatisfait encore car alors on ne l'a plus pour justifier nos actions.[2] Quand l'objectif est atteint, c'est le *baby blues* qui frappe. *Tout ça pour ça ?* Pas le temps de savourer : vite, il faut trouver un nouvel objectif pour prendre le relais et vivre à nouveau au futur.

1. Orienté vers un but : du grec ancien τελικός, *telikós* (« final »), de τέλος, *télos* (« fin »). L'opposé, c'est *atélique*.

2. Je sais que c'est l'un des thèmes de l'œuvre maîtresse du philosophe Arthur Schopenhauer, *Le Monde comme volonté et comme représentation*, mais comme je ne l'ai jamais lu, je ne me permets pas d'en parler dans le corps de mon livre.

Le temps, une ressource mal répartie entre hommes et femmes

La logique productiviste nous fait appréhender le temps comme une *ressource* que l'on peut *utiliser*. On ressent alors une forte pression à bien l'utiliser et à ne pas le « gaspiller ». Cette logique est poussée à l'extrême dans les professions et statuts professionnels où l'on facture son temps aux clients. Pour les avocats, les heures facturées sont les heures productives les plus importantes. Pour les freelances et les consultants, les budgets se mesurent en « journées hommes » (je ne ferai pas de commentaire sur l'expression). Certains de ces professionnels deviennent incapables de se reposer et de faire autre chose que travailler car chaque moment non facturé devient un « manque à gagner ».

Ce rapport au temps « instrument télique » concerne autant les hommes que les femmes et transforme nos vies à tous : peu à peu, à mesure que se brouillent les catégories travail et loisir, chaque dimension de la vie se voit infectée par la productivité. Cependant, les femmes en sont les premières victimes, pour au moins deux raisons. La première, c'est que l'estime de soi est complètement liée à la façon productiviste dont on utilise son temps. Or les femmes « perdent » davantage de temps à ne pas être payées. Cela pourrait être une force de s'extraire davantage de la sphère marchande et ne pas se soumettre à ses diktats productivistes, mais puisque la répartition des richesses et du pouvoir, la « valeur » économique, le regard des autres et notre propre estime de nous-mêmes dépendent du temps payé, les femmes sont perdantes. Parfois, elles se méprisent elles-mêmes de « valoir » si peu à force de « perdre » leur temps.

La seconde raison, c'est que la santé mentale des femmes est davantage affectée. De nombreuses études montrent qu'elles souffrent de niveaux plus élevés de stress, d'anxiété et même de dépressions liés au cumul du travail rémunéré et du travail gratuit. D'après des données collectées par une psychiatre britannique, Judith Mohring[1], les femmes entre 25 et 54 ans sont nettement plus stressées que leurs homologues masculins, en particulier quand elles ont entre 35 et 44 ans. Leur « double journée » de travail (rémunéré et gratuit), les contraintes liées à des revenus plus faibles, l'aidance, le sexisme en entreprise, la pression liée à des emplois moins valorisés où le management est plus brutal les épuisent. Ce stress s'est aggravé depuis le début de la pandémie. En télétravail, elles ont été plus nombreuses à faire un *burn-out*.

C'est parce qu'elles ont plus à gagner à être « maîtresses » de leur temps qu'elles tombent

1. Citée dans un article du *Guardian* intitulé « Women suffer much more work stress than men, says psychiatrist », David Batty, 30 décembre 2016.

volontiers dans l'illusion qu'on peut maîtriser le temps. Dans leur cas, l'illusion est d'autant plus forte qu'elles occupent plus d'emplois non télétravaillables (les services de proximité) où le temps et le lieu sont contraints. Et même en télétravail, elles sont plus nombreuses à être surveillées et à subir des formes de présentéisme à distance car elles occupent davantage d'emplois en bas de la pyramide. Le télétravail ne s'accompagne pas toujours d'un surcroît d'autonomie et de liberté : la surveillance à distance, à l'aide de logiciels de capture d'écran et de *monitoring* en continu, rend certains postes plus aliénants. Quand on a moins de pouvoir, télétravail ne rime pas avec autonomie. Et le manque de temps se fait sentir plus durement.

La dangerosité du mythe de la maîtrise du temps productif pour les femmes

Le temps des femmes est morcelé, haché et violenté au moins autant que l'est leur corps. D'ailleurs, les deux sont liés. La pression qu'on leur inflige à contrôler leur corps et leur image leur fait appliquer la logique productiviste à toutes les activités qui pourraient leur permettre « d'améliorer » leur apparence physique : elles comptent les calories ingérées et dépensées comme elles comptent les minutes consommées ou épargnées. Les contraintes de la vie intime et familiale (l'heure de fermeture de la crèche, par exemple) s'ajoutent à celles de la vie professionnelle pour fragmenter leur temps en 10 000 petits morceaux, ce qui rend tout travail continu, créatif et valorisant beaucoup plus difficile pour elles.

On croit souvent que les femmes sont capables de *multitasking :* elles seraient mieux armées cognitivement pour jongler avec plusieurs tâches en même temps. Une étude internationale de 2015[1] a révélé à quel point cette croyance dans une prétendue supériorité féminine en la matière est bien implantée dans notre culture : « Une recherche portant sur les médias publics, tels que les quotidiens, a confirmé cette hypothèse initiale et révélé un nombre considérable d'articles et de livres décrivant les femmes comme étant plus douées que les hommes pour le *multitasking*. »

C'est un stéréotype sans fondement scientifique. Les capacités cognitives des femmes ne sont en rien surhumaines. Au contraire, et c'est tout le génie des concepts de « charge mentale » et « charge émotionnelle », leurs capacités de concentration et de création sont altérées par la nécessité de gérer tant de choses à la fois. Une autre étude, plus récente[2], montre que « personne n'est doué pour le *multitasking*. Le cerveau des femmes n'est pas plus

1. André J. Szameitat, Yasmin Hamaida, Rebecca S. Tulley, Rahmi Saylik, Pauldy C. J. Otermans, « *Women Are Better Than Men* » – *Public Beliefs on Gender Differences and Other Aspects in Multitasking*, University of Tübingen Medical School, Allemagne, octobre 2015.

2. Patricia Hirsch, Iring Koch, Julia Karbach, *Putting a stereotype to the test: The case of gender differences in multitasking costs in task-switching and dual-task situations, PLOS One*, août 2019.

efficace que celui des hommes pour gérer deux activités à la fois ».

David Allen, un des gourous mondiaux de la productivité personnelle, l'a bien écrit dans son best-seller *Getting Things Done*[1] : nous sommes plus efficaces quand nous nous concentrons sur une seule activité à la fois. Plus productifs, plus détendus : cela engendre un cercle vertueux. Allen parle de « boucles ouvertes » (*open loops)* pour désigner les idées ou les choses à faire qui occupent notre esprit. Ces boucles consomment de l'énergie et de l'attention. Donc pour réussir à concentrer toute son énergie sur une action à la fois sans être perturbé par les autres boucles, il faudrait noter quelque part toutes les tâches qui occupent l'esprit pour s'en libérer[2]. Ainsi, on pourrait accéder à un état d'esprit de judoka dont l'esprit est « comme l'eau[3] ». Bien que je n'adhère pas à la

1. *Getting Things Done: The Art of Stress-Free Productivity* (Londres, Penguin, 2001) a été traduit en français vingt ans après la publication américaine de l'ouvrage ! La traduction française est intitulée *S'organiser pour réussir : La méthode GTD ou l'art de l'efficacité sans stress* (Paris, Alisio, 2021).

2. La « méthode GTD » obéit à la logique productiviste que je dénonce. Il s'agit d'« optimiser » son potentiel et d'en faire le maximum… et non de remettre en question la « to-do list ».

3. L'expression « mind like water » viendrait des arts martiaux japonais. La métaphore est utilisée pour expliquer l'impact de la surcharge de tâches sur notre esprit ; quand on lance un caillou dans l'eau, l'eau réagit proportionnellement à la taille du caillou et à la force avec laquelle il a été lancé. Lorsqu'un nouveau projet vient s'ajouter à notre immense liste de choses à faire et de projets en cours, on a tendance à surréagir, ce qui cause énervement et stress, ou à sous-estimer le temps et les efforts nécessaires.

finalité de la célèbre méthode *Getting Things Done* (en faire toujours plus), je ne peux que partager le constat des méfaits de la *surcharge cognitive* dont de nombreuses femmes sont victimes.

Mais la meilleure façon de retrouver son temps, ce n'est pas de chercher à être plus productif et à en faire toujours plus, c'est au contraire d'en faire beaucoup moins : moins de superflu, moins d'engagements, moins de projets, moins d'attentes. Cela consiste à réduire la place disproportionnée que le travail a prise dans notre vie et à ne pas laisser la productivité en envahir toutes les dimensions. Cela nécessite d'aller plus lentement et de réapprendre la patience. L'auteur Cal Newport, dans un bel éloge de la « productivité lente » publié dans le *New Yorker*[1], appelle à réorganiser le travail autour du principe de la lenteur : « Ce dont nous avons besoin, c'est d'un mouvement visant à réduire le volume de travail qui nous est assigné en premier lieu, un mouvement que j'appelle la "productivité lente", dont l'objectif central est de maintenir le volume de travail d'un travailleur à un niveau soutenable. »

---

1. « It's Time to Embrace Slow Productivity. We need fewer things to work on. Starting now », Cal Newport, *The New Yorker*, 3 janvier 2022.

Le télétravail : opportunité ou danger pour les femmes ?

Moins de temps gaspillé en trajets, une meilleure intégration du travail gratuit et du travail productif : sur le papier, le télétravail dispose d'arguments convaincants. Mais libère-t-il vraiment du temps ? Le moins que l'on puisse dire, c'est que sa généralisation, à la faveur des confinements de 2020 et 2021, s'est accompagnée d'une pression à la productivité qui ne l'a pas toujours rendu facile.

Faute de disposer d'un espace de travail adéquat, de nombreuses femmes ont subi de plein fouet le brouillage accentué entre leur travail productif et le travail gratuit de la vie domestique. Il en est sorti une réalité nouvelle où le travail est plus « flexible », le bureau est pluriel et « hybride » et l'impératif de productivité s'immisce dans tous les espaces de la vie. Quelles leçons peut-on tirer de l'expérience du télétravail de pandémie ? Est-il globalement aussi favorable aux femmes qu'on pourrait l'imaginer ?

Quand la sphère professionnelle envahit l'espace personnel

Pour les travailleurs de bureau, le résultat le plus évident, c'est que le travail est partout. Où qu'ils soient, il les poursuit. Pour y échapper et se ménager des temps de loisir, ils doivent mettre en œuvre des techniques volontaristes de sevrage et se forcer à mettre leurs écrans de côté. Je l'ai constaté moi-même : mon rapport au travail (largement sur les écrans) est caractéristique d'une addiction. L'appel des applications numériques est une drogue à laquelle il est plus difficile de résister. Hélas la consommation quotidienne de cette drogue me laisse de plus en plus vidée et éternellement insatisfaite. Je ne dois pas être la seule puisqu'une étude récente[1] montre que les Français passent en moyenne 56 heures par semaine sur internet (travail et loisir mélangés).

Le premier résultat de la massification du travail à distance, c'est que nous passons beaucoup plus d'heures connectés à internet. Ces heures mêlent travail et loisirs. Nous sommes rappelés au travail pendant nos loisirs et tentés par les loisirs pendant le travail. Le cloisonnement comme la concentration deviennent plus difficiles. En moyenne, toutes les études le montrent, on passe un peu plus de temps au travail quand on ne va pas au bureau – les temps de trajet sont absorbés par le travail. Mais sommes-nous plus productifs ? Et si gain

1. L'étude est citée dans un article de *La Dépêche* intitulé « Un Français passe en moyenne 27 ans de sa vie sur Internet, affirme une étude », 11 août 2021.

de productivité il y a, est-ce un gain pour l'égalité femmes/hommes ?

Je n'ai pas (encore ?) de réponse tranchée à ces questions. La réalité du télétravail est plus hétérogène qu'il n'y paraît. À certains égards, les travailleurs sont gagnants car ils ont ainsi une meilleure maîtrise de leur temps – c'est pour cela que, malgré les misères du confinement, ils continuent de plébisciter le télétravail. Mais ils ont aussi laissé le travail connecté envahir leurs loisirs, saper leur concentration et renforcer leur sentiment d'isolement. Certains vivent à distance une accentuation paradoxale du présentéisme de bureau et ont le sentiment d'être davantage surveillés et aliénés à distance.

Le moins que l'on puisse dire c'est que la question de la productivité à distance ne fait pas l'unanimité. Elle suscite des discussions enflammées. Une majorité de managers voient dans le télétravail une dégradation de la collaboration informelle et du lien social d'entreprise, tandis qu'une majorité d'employés apprécient le gain de souplesse que permet le travail à distance plusieurs jours par semaine. Pour certains, le télétravail domestique permet une meilleure concentration car elle les préserve des interruptions intempestives de la vie de bureau. Pour d'autres, la déliquescence de l'unité de lieu provoque une moindre circulation de l'information et beaucoup de perte de temps. Pour compenser, on passe plus de temps en réunion. Pour certains, les journées typiques sont composées de « tunnels Zoom » suivis de séances de « dépilage » de mails.

Télétravail, opportunité ou danger pour une meilleure maîtrise du temps (productif et non productif) ? Je serais incapable d'être catégorique ! L'hybridation (bureau, maison, tiers lieux) présente des opportunités libératrices et des dangers liés au mélange des genres. Et puis, selon les postes et les entreprises, on n'a pas tous accès aux mêmes opportunités.

Les femmes enfin débarrassées du poids du présentéisme ?

Concernant les avancées féministes, le travail hybride ou à distance est à double tranchant. D'un côté, les femmes ont beaucoup à y gagner : en échappant au présentéisme de bureau et à certains jeux politiques, elles peuvent économiser un temps précieux, gagner en maîtrise pour mieux « jongler » entre les contraintes du travail payant et celles du travail gratuit. D'un autre côté, il est probable que les femmes font plus de travail gratuit quand elles ont cette souplesse, et qu'on leur fait payer la flexibilité qu'on leur accorde.

Commençons par les avantages. Combien de femmes n'ont pas rêvé d'échapper à certains des maux qu'elles subissent au bureau : le harcèlement sexuel, les jeux politiques, le présentéisme, le *manterrupting*, les interruptions multiples et la perte de temps de la vie de bureau, les tâches non rémunérées sur le lieu de travail, les trajets dans les transports en commun ? Pour les mères, c'est déjà un gain énorme que de s'épargner les remarques sur le fait qu'on « prend sa journée » parce qu'on quitte le bureau à 17 h 45 pour aller chercher son enfant à la crèche, après avoir pourtant consciencieusement commencé le travail tôt le matin avant la plupart des autres collègues.

Dans certains cas, on peut imaginer éviter d'avoir à demander un temps partiel[1] parce qu'une meilleure gestion du temps permet de faire le travail plus efficacement sans avoir à rendre autant de comptes sur la *présence* devant son ordinateur. Dans ces cas-là, il y a une opportunité économique extraordinaire pour les personnes concernées : moins de gaspillages, moins de faux-semblants, plus de revenus. Le temps gagné à ne pas devoir faire semblant d'être productif est considérable. C'est du temps qui peut être passé à faire autre chose.

La productivité en question dans le télétravail

L'avancée du télétravail a provoqué d'autres changements profonds dans l'appréciation de la productivité des travailleurs.

Avant, il fallait montrer qu'on était là et qu'on parlait plus et plus fort que les autres en réunion (oui, c'est un peu une caricature, mais ça n'est pas complètement faux non plus). Les extravertis sont les rois du bureau. À distance, en revanche, il ne

1. Parmi les 4,9 millions d'emplois en temps partiel en France, 3,8 millions – soit 76 % – sont occupés par des femmes. La proportion a un peu baissé au cours des dernières années, tout comme le nombre total d'emplois à temps partiel. En tout moins de 30 % des Françaises travaillent à temps partiel, beaucoup moins qu'en Allemagne !

suffit plus de donner l'apparence de l'engagement. L'écrit prend une place plus importante. Pour beaucoup d'introvertis, c'est l'occasion de briller différemment : par exemple en partageant un texte, graphique ou tableau qui fera avancer le travail des autres.

À distance, la part des échanges formels augmente. Pour les nombreuses femmes au profil de « bonne élève » – celles qui attendent que leur travail « parle de lui-même » et qu'on se rende compte de la qualité de ce travail sans qu'elles aient à se mettre en avant –, c'est une opportunité de mieux faire reconnaître leur productivité réelle.

L'écrit prend de fait de plus en plus de place[1] : au lieu de se contenter d'une remarque orale bien lancée en réunion, il faut désormais davantage rédiger un mail (ou un mémo) avec soin, ce qui exige plus de travail. Les qualités telles que la force de concentration, la capacité d'analyse, le sens de l'écoute font partie des compétences qui pourraient monter en puissance dans le contexte du télétravail et du travail hybride. En d'autres termes, les formes nouvelles du travail pourraient rebattre les cartes de la distribution du mérite productif. Celles et ceux qui étaient moins valorisés au bureau pourraient prendre leur revanche.

En d'autres termes, quand je me mets à rêver un peu, j'imagine que la massification du télétravail pourrait être un moyen de remettre en question les

1. Un article de *The Economist* datant de janvier 2022 intitulé « Remote work and the importance of writing » est consacré à la place grandissante de l'écrit dans le monde du travail postpandémie.

structures de pouvoir traditionnelles. Comme le travail à distance est plus efficace lorsque le pouvoir est distribué de manière plus horizontale (moins hiérarchique), il favorise les organisations plus égalitaires (ce sont elles qui fonctionnent le mieux en *remote*[1]). Or les femmes ont beaucoup à gagner de l'essor des organisations égalitaires, car dans les organisations hiérarchiques, elles sont moins nombreuses plus on s'approche du sommet de la pyramide.

Espace productif, chambre à soi

Hélas, je vois dans le télétravail au moins autant de dangers que d'opportunités pour l'égalité femmes/hommes. Avec le recul, on ne peut pas dire que la période de pandémie de Covid ait franchement fait avancer l'égalité ! D'abord, le télétravail domestique n'a pas été vécu de la même manière par les hommes et les femmes. Beaucoup d'entre eux se sont réjouis de pouvoir mieux se concentrer et d'être plus productifs. À l'inverse, davantage parmi elles se sont senties débordées par les contraintes domestiques qui sont venues s'ajouter à leur charge productive. En moyenne, elles ont été moins nombreuses à avoir accès à une pièce à part pour travailler à domicile : une étude du Boston Consulting Group datant de février 2021[2] montre que les femmes ont été 30 % moins nombreuses que les hommes à disposer d'un

1. *Remote* en anglais veut dire « distant », « à distance », « éloigné ». C'est l'anglicisme consacré pour parler du mode d'organisation du travail distribué, à distance.

2. « Crise de la COVID-19 : un retour en arrière pour la parité hommes-femmes au travail ? », *BCG*, 19 février 2021.

espace de travail isolé et 50 % plus susceptibles de subir des interruptions dans leur travail.

L'écrivaine Virginia Woolf décrivait le fait d'avoir accès à une « chambre à soi[1] » comme la condition *sine qua non* pour pouvoir produire une œuvre romanesque. Mais c'est vrai aussi pour tous les télétravailleurs ! Même pour participer activement à une réunion Zoom ou remplir un tableau Excel, il vaut mieux avoir une *chambre à soi*, sans enfants dans les pattes, ni linge à pendre, ni repas à préparer. Pendant les confinements, l'écart productif entre femmes et hommes à domicile s'est illustré de manière frappante dans le monde universitaire. Cela s'est mesuré grâce à un indicateur redoutable de productivité : le nombre d'articles de recherche publiés dans les revues académiques. Sans surprise, à cause du confinement, les femmes chercheuses, en particulier les mères, ont soumis beaucoup moins d'articles à la publication. Les hommes, en revanche, ont trouvé le moyen de produire beaucoup plus[2] ! *Enfin tranquille à la maison, je vais pouvoir lire et écrire tout mon soûl. Chérie, qu'est-ce qu'on mange ce midi ?*

---

1. *Une chambre à soi* (*A Room of One's Own*) de Virginia Woolf, publié en 1929, est l'un des essais féministes les plus influents de l'histoire. Woolf se penche sur tout ce qui a empêché les femmes d'accéder à l'éducation, à la production littéraire et au succès. Sa grande thèse, c'est qu'une femme doit au moins disposer « de quelque argent et d'une chambre à soi » si elle veut pouvoir écrire.

2. Il y a un certain nombre de publications américaines sur le sujet, parmi lesquelles « The Pandemic Penalty: The Gendered Effects of COVID-19 on Scientific Productivity », Molly M. King, Megan E. Frederickson, *Socius: Sociological Research for a Dynamic World*, avril 2021.

Les inégalités hommes/femmes galopantes du télétravail...

Pendant la pandémie, en dépit de la charge domestique accrue, de nombreuses femmes sont restées productives dans leur travail. Elles ont « assuré » et continué à monter les échelons de la hiérarchie. Mais beaucoup d'entre elles y ont perdu leur santé mentale et découvert que le rythme qui était le leur n'était pas soutenable sur le long terme. D'après une étude de 2021, 42 % des femmes interrogées déclarent avoir été en *burn-out* au cours de l'année[1] : le travail gratuit domestique, le travail productif et la charge émotionnelle au travail et à la maison, c'est trop.

D'après de nombreux sondages, l'écart de productivité entre hommes et femmes observé pendant la pandémie ne s'est pas cantonné au seul univers de la recherche universitaire. Partout où le télétravail s'est massifié, les femmes ont pris sur elles une part plus importante de corvées domestiques et eu moins souvent accès à un espace de concentration. Si cela a certainement pu être un moyen pour de nombreux hommes de s'investir de manière inédite dans leur relation parentale, en moyenne, les confinements ont néanmoins aggravé la répartition genrée du travail gratuit (domestique et parental) au sein des foyers au point de pénaliser la productivité féminine de manière significative.

C'est là la face obscure du travail à distance. Les femmes en font plus à la maison, donc elles ont plus

---

1. « Pourquoi les femmes font plus de burn-out que les hommes », Neïla Beyler, *Les Échos,* 12 octobre 2021.

intérêt à recourir au télétravail. Et une fois en télétravail, elles en font sans surprise encore plus à la maison. Le télétravail se referme comme un piège qui vient renforcer les inégalités professionnelles de départ. C'est souvent un cadeau empoisonné. Puisqu'on prend leur travail moins au sérieux, ne serait-ce que parce qu'en moyenne il rapporte moins financièrement, on exige d'elles qu'elles en fassent plus à la maison. *Tu es déjà à la maison, tu peux bien aller chercher les enfants à la crèche, c'est tout près !* Les voisins, les parents et les beaux-parents ne voient pas toujours le télétravail féminin comme du vrai travail. *N'est-elle pas sur son ordinateur pour s'occuper en attendant que les enfants sortent de l'école ?*

Il est remarquable que c'est aussi la logique qui a été assumée par le gouvernement dans la gestion de la pandémie : pendant le premier confinement, l'accueil des enfants à l'école n'a été assuré que si les deux parents ne pouvaient pas télétravailler. Comme si télétravailler et s'occuper des enfants étaient deux choses parfaitement compatibles !

... trop souvent justifiées par les prétendues inégalités de la productivité

Parfois convaincues elles-mêmes que leur productivité est négligeable, beaucoup de femmes se disent qu'elles feraient mieux de faire tout ce qu'il y a à faire de corvées domestiques, parce que *ce qui est fait n'est plus à faire*. Quand le travail rémunéré est frustrant et décevant, elles peuvent trouver un sentiment de maîtrise et un *substitut productif* dans le travail gratuit domestique. *Une lessive d'étendue, voilà une bonne chose de faite.* Je considère comme un privilège de faire un travail créatif qui me stimule et me donne une identité valorisante à mes propres yeux. Malgré tout, dans mes moments de découragement, je me mets à faire du ménage comme personne d'autre dans mon foyer.

On peut craindre que dans un contexte de travail « hybride », la distance ne désavantage les femmes. Si elles se rendent moins au bureau, elles s'éloignent plus des jeux politiques et des centres de pouvoir qui peuvent leur offrir la possibilité de faire avancer leur carrière. Pensons aussi au « télétravail du mercredi » que certains employeurs soupçonneux interprètent parfois comme un temps partiel déguisé ! Si le télétravail profite au travail gratuit de la parentalité alors il risque d'être dévalorisé. Il pourrait se produire avec lui ce qui s'est produit avec le temps partiel : on suppose que celles qui y recourent sont moins engagées et moins ambitieuses et on le leur fait payer.

En somme, ce que beaucoup de femmes ont appris avec la pandémie, c'est que le télétravail ne peut vraiment être productif que si l'on dispose d'une pièce à part, de silence et de services divers et variés, des écoles ouvertes, des nounous pour s'occuper des enfants s'il n'y a pas d'école, des restaurants pour livrer des plats préparés pour le déjeuner, etc. Évidemment qu'on n'est pas productif au sens professionnel du terme quand on a des courses à faire, du linge à étendre, des enfants à nourrir et des devoirs à superviser !

Il y a de quoi critiquer les effets délétères du paradigme productiviste dans les sphères collective et individuelle du travail. Mais il faut aussi interroger le contenu que pourrait prendre un changement profond de paradigme pour la société dans son ensemble. Car s'il faut en finir avec la productivité, par quoi devrions-nous la remplacer ?

CINQUIÈME PARTIE

Quel avenir pour la productivité ?

La productivité, on l'a vu, ne peut plus rester l'alpha et l'oméga de la mesure de l'activité économique. Elle a envahi notre vie et l'ensemble de nos activités. Elle se niche là où on ne la voit pas toujours : par exemple, la créativité, nouveau totem de notre économie, est un bel exemple de productivité déguisée appliquée aux métiers de la connaissance.

Plutôt que de construire de nouveaux totems, il me semble important de refonder l'équilibre social sur des fondamentaux que l'ère productiviste a dangereusement fait passer à l'arrière-plan. Notamment, le renforcement des liens qui nous unissent en est un pilier. Nous pourrons à ce titre vérifier ensemble que, pour ne pas sombrer dans le chaos individualiste, nous nous devons de respecter des rythmes, individuels et collectifs – rythmes que la productivité a trop souvent et sûrement malmenés. De même, cette dernière partie se devra de rappeler que cette critique féministe se veut avant tout humaniste, puisqu'il s'agit de ne pas laisser la productivité désagréger le corps social.

Créativité *is the new* productivité

Les conseils de productivité ont envahi les rayons des librairies et les fils d'actualités des réseaux sociaux. En la matière, deux concepts semblent se faire concurrence : la productivité et la créativité. Si la productivité rappelle l'environnement de travail bien cadré des grandes entreprises industrielles, la créativité, elle, nous amène dans un tout autre univers, celui des artistes en quête d'inspiration. Les deux concepts ont l'air bien différents. Et pourtant, nous découvrirons en quoi l'on peut voir dans le culte de la créativité, grande prêtresse de l'innovation, une nouvelle forme de culte de la productivité, plus stylée, plus *hype*, plus moderne, mais toujours aussi sexiste et délétère pour la société.

La dévalorisation de la seule productivité dans les métiers dits créatifs

Ce n'est pas un hasard si la créativité commence peu à peu à prendre la place de la productivité dans le développement personnel. Dans le paradigme industriel, la compétence première qu'un travailleur se devait de mettre en avant était sa capacité à répliquer des modèles de manière fiable et efficace ; en revanche, dans le paradigme numérique, il s'agit d'en imaginer de nouveaux, d'analyser des données pour créer quelque chose d'inédit, pour innover. En fait, on a besoin des deux, dans des proportions variées selon son poste et sa personnalité. Mais comme je vais tâcher de l'expliquer dans cette partie, la créativité est facteur d'inégalités. Ceux qui sont davantage du côté de la créativité prennent le dessus dans notre économie.

C'est en 2002 que l'urbaniste Richard Florida a inventé l'expression de « classes créatives » pour désigner les urbains travaillant dans les métiers de l'économie de la connaissance (ingénieurs, marketeurs, programmeurs, chercheurs mais aussi avocats, comptables, médecins ou professeurs). Dans son livre intitulé *The Rise of the Creative Class*, il expliquait que ces créatifs feraient de l'innovation et de la création les moteurs principaux de notre économie et changeraient les villes pour le meilleur.

En vingt ans, la *gentifrication* dans les grandes villes du monde n'a pas fait que des heureux et Richard Florida est devenu plus critique sur les conséquences de la hausse des prix du logement provoquée par les créatifs[1]. Les « classes créatives » ont fait des dégâts sociaux considérables et ont

1. En 2017, Florida a publié un autre ouvrage intitulé *The New Urban Crisis: How Our Cities Are Increasing Inequality, Deepening Segregation, and Failing the Middle Class-and What We Can Do About It* (La nouvelle crise urbaine : comment nos villes augmentent les inégalités, aggravent la ségrégation et laissent tomber la classe moyenne), New York, Basic Books, 2017, non traduit en France à ce jour.

transformé les grandes villes comme New York, San Francisco, Londres ou Paris… en havres de riches. La créativité est effectivement un moteur de l'économie, mais ce moteur nourrit des inégalités croissantes : les revenus des travailleurs urbains « créatifs » ont augmenté nettement plus vite que ceux des « classes laborieuses » (ouvriers, serveurs, personnels de ménage, caristes, livreurs, etc.).

Économiquement parlant, les classes *créatives* se sont éloignées des classes seulement *productives* (laborieuses). La créativité les a mises à distance. En faisant croire que productivité et créativité sont deux choses très différentes, on augmente cette mise à distance. D'un côté, il y aurait le *génie* créatif et de l'autre, le simple exécutant. C'est une manière pour le créateur de renforcer son statut. Le créatif n'est pas seulement bon à répéter des gestes définis pour lui (le *one best way*). Non, il conçoit lui-même ses propres gestes. Il peut même parfois se vanter de n'être pas productif parce qu'il apprend de nouvelles choses et explore de nouveaux territoires. Quand on apprend une discipline nouvelle, on n'est pas encore productif. Il n'y a pas de routine. Or les créatifs redoutent la routine plus que tout.

Le caractère sexiste de la créativité

En plus d'accentuer des inégalités économiques, sociales et géographiques, la créativité entretient aussi, plus sournoisement, les mêmes vieilles inégalités de genre que la productivité, mais peut-être de façon plus sournoise encore. On l'a vu plus tôt, à propos de la création artistique, le statut valorisé de *créateur* peut être associé à des biais de genre : on l'associe plus facilement aux hommes. Par exemple, dans le monde académique, les auteurs hommes sont plus souvent cités par leurs pairs et mieux référencés. Dans le monde artistique, la créativité masculine fait davantage autorité. Quand il y a plusieurs auteurs, on prête la créativité plutôt aux figures masculines tandis qu'on suppose que les femmes sont plutôt des exécutantes (d'éternelles *secrétaires*).

Les chercheurs Devon Proudfoot, Aaron Kay et Christy Koval ont réalisé plusieurs études sur les biais sexistes et la créativité. Dans l'une de ces études[1], les participants devaient évaluer le rôle de certaines qualités personnelles dans la créativité. Les résultats ont montré que les hommes *et* les femmes associaient la créativité à des traits stéréotypés « masculins » comme l'indépendance et l'audace plutôt qu'à des traits associés au « féminin » comme la coopération et la sensibilité. Être audacieux, c'est créatif mais être sensible, non. Dans une autre étude, les chercheurs ont demandé aux sujets d'évaluer la qualité créative de la conception d'une maison en variant le sexe de l'architecte. Le résultat de l'étude est hallucinant : les hommes et les femmes ont accordé une note de créativité plus élevée au même bâtiment quand on leur a dit que l'architecte était un homme.

Les préjugés sexistes sont-ils si insidieux qu'ils affectent notre façon de juger la créativité ? Comment

---

1. Ces études sont citées dans un article de la *Harvard Business Review* intitulé « Even Women Think Men Are More Creative », Kate Adams, décembre 2015.

nous a-t-on lavé le cerveau au point qu'on associe davantage la créativité à certains profils plutôt qu'à d'autres, davantage aux hommes qu'aux femmes ? Historiquement, on a longtemps dénié aux femmes la possibilité de *créer*[1]. Elles ont longtemps été privées des conditions matérielles de la création, la « chambre à soi » de Woolf que j'évoquais en parlant du télétravail, et puis, dans certaines cultures et à certaines périodes de l'histoire, on les a privées d'éducation de sorte qu'elles n'avaient pas les outils de la création, comme la maîtrise de l'écriture ou les techniques de peinture. Si bien que la création et la qualité qui la rend possible restaient des choses inaccessibles et inenvisageables.

La vision romancée de la créativité comme un « don » qui n'a rien à voir avec le caractère bête et méchant du travail productif est en outre intimidante. Elle entretient une mise à distance qui dessert les femmes (et d'autres catégories aussi). Quand on imagine l'artiste génial comme celui qui attend son inspiration pour ensuite noter des idées frénétiquement comme si elles étaient dictées par Dieu[2] alors c'est un don qu'on peut attendre longtemps. Or la créativité, c'est aussi du travail qui exige du

1. Pour vous en convaincre, relisez les paragraphes que j'ai consacrés à Proudhon au début de cet ouvrage ! Il était persuadé que les femmes étaient incapables de *créer*.

2. C'est cette vision que l'on voit dans le film *Amadeus* de Milŏs Forman. Mozart est ce génie qui ne rature jamais ses partitions. C'est comme si ses mains prenaient en dictée les idées divines qui émergent de son cerveau. Salieri, en revanche, son concurrent laborieux et moins génial, a besoin de travailler comme un forcené pour produire des compositions nettement moins brillantes.

temps et des efforts. Ça se travaille, ça se cultive et ça s'entretient ! Tout le monde ne sera pas « génial » comme Mozart ou Picasso, mais on peut tous être plus créatifs.

Aujourd'hui, la créativité est indéniablement une qualité de plus en plus valorisée et nécessaire pour s'élever dans la hiérarchie professionnelle. Les exécutants dont on mesure la productivité « bête et méchante » sont susceptibles de se voir concurrencés par l'intelligence artificielle ou par des travailleurs moins chers qu'eux qui résident dans des pays où le coût de la vie est plus bas. Jouer la carte de la créativité, c'est trouver le moyen de se différencier, donc de ne pas être une « commodité », c'est-à-dire un travailleur productif interchangeable comme les autres. C'est donc un enjeu de pouvoir économique. À ce titre, c'est un enjeu important pour les femmes qui ont en moyenne moins de pouvoir économique.

Quand la productivité se déguise en créativité

Et si la créativité n'était qu'une ruse de la productivité pour mieux se faire accepter dans les métiers du tertiaire, dans le but que les mêmes recettes y soient appliquées ? C'est bien commode : quand on est *créatif*, on ne compte pas ses heures ! En effet, les « classes créatives » sont peu syndiquées. Certains métiers créatifs correspondent peu ou prou aux *greedy jobs* que j'ai évoqués plus haut, ces emplois avides en temps qui exigent un investissement total des individus qui les occupent.

Le lien entre production et temps de travail créatif n'est en rien linéaire – on peut produire quelque chose de grande qualité en peu de temps ou avoir besoin de plusieurs jours pour arriver au même résultat – ainsi la responsabilité de la production pèse sur l'individu créatif. Si le résultat n'est pas au rendez-vous, c'est qu'il n'a pas été assez *créatif*. Pourtant l'idée que la créativité n'a rien à voir avec des choses matérielles comme les moyens, l'espace et le temps est fausse. La créativité a tout à voir avec les conditions matérielles de son existence.

Pour être créatif, il faut disposer d'un espace adéquat, de temps libre. Il faut aussi être formé et disposer d'un certain nombre de moyens. C'est tout le sujet du livre *Une chambre à soi* de Virginia Woolf que j'ai déjà évoqué. Pour Woolf, ces conditions matérielles sont essentielles… et les femmes en sont souvent privées. « Une femme, pour être en mesure d'écrire, doit avoir de l'argent et une chambre à elle ; et cela, comme vous allez le voir, ne résout en rien le grand problème de ce qu'est la vraie nature de la femme et la vraie nature de la littérature », écrit-elle.

Dans cet essai séminal sur la créativité féminine, Woolf interroge les conditions historiques, économiques, culturelles et sociales qui ont empêché les femmes d'écrire, de penser et de créer avec la même liberté que les hommes. Ce qu'elle explique, c'est qu'il en va de la créativité comme de la productivité, il faut du temps, de l'espace et des conditions matérielles pour produire dans les meilleures conditions possibles. Quand on est occupé à la *reproduction*, on est empêché de s'atteler à la *production*.

Écrire, par exemple, appartient au domaine du créatif. Mais c'est bien un *travail* qui requiert des heures de concentration, un espace séparé pour le produire et certaines conditions matérielles pour le rendre possible. Il faut que je m'installe à mon bureau, dans une pièce séparée, que je mette les corvées ménagères de côté, que mes enfants soient à l'école. C'est étonnant à quel point l'écriture est un travail laborieux : les mots sont une matière qu'il s'agit de polir, corriger, reprendre, recombiner à force en y mettant les heures nécessaires. Si le soin du corps, des enfants (s'il y en a), du foyer n'est pas assuré, ça sera bien difficile d'être créatif !

La vision romancée de la créativité qui en fait un sujet totalement distinct de la productivité « ordinaire » peut faire du mal à beaucoup de femmes (et d'hommes) en leur faisant croire que si elles ne sont pas créatives c'est parce qu'elles n'ont ni don ni inspiration alors que c'est parce qu'elles n'ont pas leur *chambre à soi*, ou que la charge mentale, émotionnelle et matérielle du foyer les alourdit trop. Quand on exclut du sujet de la créativité celui des conditions matérielles de son développement, on fait toujours la même erreur… qui pénalise les femmes davantage privées de ces conditions matérielles. La créativité, c'est le nouvel outil d'oppression de la productivité. Et tout comme cette dernière, elle est infiniment individualiste, et menace ainsi le vivre-ensemble.

Productifs, ensemble

Pardonnez-moi ce titre de sous-partie qui ressemble beaucoup à un slogan politique, mais je voudrais, pour conclure ce chapitre, aborder ici la dimension collective de la productivité de l'ensemble des emplois et notamment aussi des emplois « de bureau », qui, contrairement à ceux de l'usine d'antan – qu'ils soient effectivement réalisés au bureau, au café ou à domicile n'y change pas grand-chose – sont davantage individualisés. Dans l'esprit de tous, leur productivité est un sujet d'individu, éventuellement d'équipe, mais pas plus largement un sujet collectif. Et je pense que c'est une erreur.

De la différence entre le taylorisme et le fordisme

Ce qui, à l'usine, a rendu soutenable l'organisation productiviste tayloriste, c'est le fordisme, c'est-à-dire l'ensemble des institutions collectives du modèle – la sécurité de l'emploi, les syndicats, la bonne paye, les congés payés, l'assurance santé et la retraite. La différence entre le taylorisme et le fordisme, c'est un contrat social qui a créé un cercle vertueux.

En imposant des institutions collectives au modèle tayloriste, le fordisme a organisé la répartition de la richesse issue des gains de productivité et, ce faisant, a permis une augmentation constante de la productivité. Cela a représenté une formidable innovation institutionnelle qui a permis la collectivisation optimale des gains de productivité à l'échelle de la filière (automobile) et de la société tout entière.

Mais ce qui s'est structuré autour de la chaîne d'assemblage n'a pas été étendu à l'ensemble des emplois, où la tentation de l'individualisation de la récompense a semblé irrésistible. *Puisque vous n'êtes pas apparemment en train de travailler ensemble (du moins pas comme autour d'une chaîne d'assemblage), alors on pourra vous récompenser en fonction de votre productivité individuelle*. Du coup, on a quelque peu cassé le contrat social fordiste qui rendait les travailleurs si productifs. Faute de profiter de tous les bienfaits des institutions collectives, les travailleurs de bureau misent eux-mêmes davantage sur l'individualisation de leur travail : *plus de flexibilité pour ma productivité à moi*.

L'individualisme porté aux nues

La course à l'individualisation des temps productifs est apparemment séduisante. Après tout, il y a des gens « du matin » et des gens « du soir ». On peut travailler n'importe quand avec un ordinateur personnel. Pourquoi chacun ne pourrait-il pas faire ses huit heures quotidiennes (ou plus) au moment où ça lui chante, et surtout au moment où il se sent le plus productif ? Pourquoi ne pourrait-on pas se reposer et prendre ses vacances n'importe quand ? S'affranchir des temps contraints de la vie de travail, c'est un thème récurrent du futur du travail. Avec le travail à distance, on peut se libérer de certaines des contraintes les plus pénibles de la vie de bureau. Lorsque les Américains parlent des emplois « *9 to 5* » (de 9 heures à 17 heures), ils en parlent comme de l'incarnation absolue de l'ennui le plus aliénant. *Beurk, un « nine-to-five job » !*

J'adhère en grande partie à ces discours et je mets en avant dans mes écrits la nécessité d'organiser le travail à distance de manière plus *asynchrone* (pas en même temps que les autres) pour recouvrer plus de maîtrise sur son emploi du temps. Je ménage dans mon emploi du temps des plages de temps sans réunions, sans appels, sans *synchronicité* avec les autres pour pouvoir me concentrer seule sur l'écriture d'un article ou d'un chapitre de livre. Les temps *synchrones*, dictés par l'équipe ou l'organisation, ne sont pas toujours productifs pour moi.

Mais il y a des limites à l'individualisation des temps au nom de la productivité. Au travail, la disparition des temps collectifs est une impasse. À force d'individualiser son temps, on est tout seul tout le temps. *Je prends mes vacances quand je veux… sans personne pour m'accompagner. Je fais ce que je veux… tout seul. Je suis nomade… tout seul.* Puisque tout le monde individualise et « optimise » son emploi du temps, on se retrouve dans une situation où il devient impossible de faire quoi que ce soit avec les autres.

Pour beaucoup de mères de famille, l'individualisation des temps productifs est un leurre. *Oui, je voudrais bien travailler plutôt le soir, mais le soir, il faut s'occuper du bain des enfants, des devoirs, du dîner et de la vaisselle.* Elles ne peuvent être productives que si leur travail est *synchrone* avec les horaires des écoles ou des crèches. Elles dépendent des temps collectifs des institutions qui soutiennent leur productivité.

Il faut d'ailleurs observer que les plus individualistes de la productivité, les *digital nomads,* sont généralement célibataires et sans enfants. Dès qu'ils se retrouvent en couple, les choses se compliquent. À deux, on n'« optimise » plus son temps tout seul, il faut commencer à faire quelques compromis. Et avec des enfants, les temps contraints sont encore plus importants.

Le nomadisme digital, présenté souvent comme un modèle désirable du futur du travail, n'est souvent qu'une phase de vie qui ne dure pas. Les jeunes gens qui en font l'expérience passent d'abord par une phase euphorique (enfantine) où ils n'en reviennent pas d'avoir autant de liberté et d'autonomie pour voyager et faire ce qu'ils veulent (la question écologique passant d'ailleurs tout à fait à la trappe). Puis ils commencent à se dire que c'est un peu triste d'être toujours seul et qu'on ne « profite » pas tant que ça quand on n'a personne avec qui partager son temps. Enfin, ils font une dépression, ou se mettent en couple et se posent, ou bien ils rejoignent des communautés et des groupes semi-nomades pour avoir plus de temps collectif. En d'autres termes, ils optent pour une dose de temps contraint plutôt que d'avoir l'intégralité de leur temps individualisé dans la solitude et l'isolement. Ceux qui restent nomades optent pour un modèle plus lent et plus contraint.

Alors que leur productivité était la plus individualisée possible, ils préfèrent souvent choisir d'en faire finalement un sujet plus collectif.

La force du collectif, une arme de productivité massive dans l'histoire

Les débats sur l'individualisation des temps nous ont fait oublier que, pour être productif, on a besoin d'être en partie en phase avec ses collègues, ses amis, sa famille et les services de la collectivité. Il en va de même des temps de repos. Le repos collectif est incomparablement plus reposant. J'ai souvent remarqué que je me détends beaucoup plus quand tout le monde se détend en même temps que moi. Un jour férié (un 15 août en France, par exemple) est infiniment plus reposant : pas de stress lié aux flux du travail de bureau qui se poursuivent sans vous, pas de mails de travail à rattraper, pas de mauvaise conscience ni même de courses à faire. C'est sans doute pour cela que les chômeurs préfèrent eux aussi le week-end : en semaine, ils souffrent de ne pas avoir de travail ; le week-end, ils sont en phase avec les autres, ils peuvent souffler.

Judith Shulevitz, l'autrice américaine d'un ouvrage passionnant sur le shabbat des juifs[1] et le rapport au temps, relate dans son livre une expérience d'individualisation des temps de travail menée par les Soviétiques entre 1929 et 1940.

---

1. Le livre, non traduit en français, est intitulé *The Sabbath World: Glimpses of a Different Order of Time*, New York, Random House, 2011.

Fasciné par les travaux de Taylor, l'économiste en chef de Staline, Yuri Larin, a eu l'idée audacieuse de tenter de faire tourner les usines en continu tous les jours de l'année, en imposant aux travailleurs des calendriers différents. Désormais, la semaine soviétique ne compterait plus sept mais cinq jours : quatre jours de travail, suivis d'un jour de repos. On a appelé ce système *nepreryvka* (« semaine de travail continue »).

L'idée était que les travailleurs ne suivraient pas tous le même calendrier : il y aurait cinq groupes (jaune, vert, orange, violet et rouge) qui se verraient attribuer une semaine de quatre jours de travail et un week-end d'un jour différents, de sorte que l'usine pourrait tourner en continu, toute l'année[1]. Pour les autorités soviétiques, le prolétariat était forcément gagnant car les jours de congé étaient plus fréquents et on pouvait profiter des institutions culturelles et des supermarchés hors des heures de pointe.

Mais le principal effet pour les travailleurs soviétiques a été la destruction totale de leur vie sociale. Deux amis affectés à deux groupes différents n'étaient jamais libres de partager le même jour de repos. Les couples étaient censés être affectés au même groupe, mais ce n'était souvent pas le cas, ce qui provoquait des crises dans les familles. Évidemment, les rassemblements religieux étaient également perturbés.

---

1. Shulevitz relate également cette expérience soviétique dans un article de *The Atlantic* intitulé « Why You Never See Your Friends Anymore », novembre 2019.

Tout cela n'était pas vraiment un problème du point de vue du gouvernement communiste dont l'ambition était de saper ces pouvoirs « bourgeois » concurrents qu'étaient la famille et l'Église. Mais pour les travailleurs soviétiques, la pilule n'est pas passée. Sans doute leur productivité a-t-elle été décevante. C'est pourquoi le système a finalement été abandonné une décennie plus tard. Judith Shulevitz rapporte qu'un travailleur contrarié s'est plaint ouvertement à la *Pravda*[1] : « On fait quoi à la maison quand la femme est à l'usine, les enfants à l'école, et que personne ne peut venir vous voir ? Qu'est-ce que c'est que cette vie-là, avec des vacances par roulement ? Ce ne sont pas des vacances, si on doit les passer tout seul. »

La synchronicité : le socle de la société

La personnalisation du temps peut sembler être un sujet anecdotique. On peut penser qu'elle permet plus de productivité. Mais comme l'écrit Judith Shulevitz, « les conséquences pourraient être débilitantes pour les États-Unis comme elles l'ont été pour l'URSS *[les dégâts sur la vie de famille et le lien social]*. Un calendrier est plus qu'une organisation des jours et des mois. C'est le plan d'une vie partagée ». Cette individualisation des temps de travail pourrait en fait avoir des conséquences négatives graves sur la productivité globale.

1. La *Pravda*, publiée en russe, était la publication officielle du Parti communiste soviétique (de 1918 à 1991).

Premièrement, l'absence de travail *synchrone* rend moins productif : vous devez attendre plus longtemps pour avoir l'information pertinente et pouvoir continuer à avancer dans votre travail, parfois vous avez besoin de la brique d'un autre pour poursuivre la construction d'un édifice. Deuxièmement, les vacances en différé, chacun quand il veut, c'est moins reposant. On revient moins productif de vacances prises quand l'essentiel de ses collègues travaille. Troisièmement, la personnalisation des temps impose une plus grande amplitude horaire pour les services dont votre productivité dépend (la garde d'enfants, en particulier : si vous travaillez le dimanche, il faut des crèches le dimanche), ce qui *in fine* retombe toujours essentiellement sur les femmes. En bout de chaîne, ce sont les femmes qui compensent.

C'est pour cela que les temps collectifs, le shabbat des juifs ou le dimanche des chrétiens, les jours fériés, les fêtes et les vacances partagés ensemble – *Thanksgiving* chez les Américains, les grandes vacances d'été des Français… – ont une valeur qu'on aurait tort de balayer du revers de la main comme quelque chose sans importance. Les rituels qui soudent et les temps collectifs nous rendent plus productifs. Si je ne suis pas prête à renoncer complètement aux avantages d'une certaine personnalisation de mon temps de travail, je constate néanmoins qu'une grande partie de mon temps reste contrainte. Mais au lieu de m'en plaindre, je tâcherai de me rappeler que le temps *contraint*, c'est aussi du temps *partagé* ! En d'autres termes, ce qui permet une productivité *soutenable*, c'est l'organisation collective du temps de travail qui autorise la préservation du lien social, de la vie de famille et du sens du collectif.

Quid *de la productivité de demain*

Les services de proximité sont donc le parent pauvre de la productivité – non seulement parce que leur productivité est artificiellement tirée vers le bas par leur dévalorisation, mais aussi parce que l'activité économique dans son ensemble et la productivité de tous ne sont pas possibles sans eux. Ces services sont pourtant « essentiels ». Leur croissance n'est donc pas une « malédiction » économique qu'il s'agirait de « compenser » en les dévalorisant davantage. Ils sont indispensables à la productivité de demain : ils sont même l'avenir de la productivité, puisque la seule valorisation financière de la production de biens est vouée à une décroissance massive pour répondre à l'urgence écologique. Il est urgent de valoriser une autre productivité – soutenable, celle-ci : cela pourrait être l'ensemble de nos activités visant à nous maintenir dans de bonnes conditions sur Terre, et non plus seulement la mesure d'une valeur qui ne participe pour le moment qu'à entretenir les inégalités, notamment de genre, et à nous mener droit dans le mur écologique... Cette productivité écoféministe pourrait prendre la forme d'une revalorisation des services qui fera la part belle à l'effet multiplicateur de la relation, au renforcement du lien social et à la lutte contre toutes les formes d'inégalités – de genre, climatiques et sociales.

Lutter contre la dégradation de la qualité des services

Grâce à une mesure de la productivité plus fidèle à la réalité de la « valeur » pour la société, on comprendrait que, pour l'augmenter dans les services de proximité, il est question d'agir sur l'effet multiplicateur dont j'ai parlé plus tôt, c'est-à-dire sur les qualité, durabilité et intensité des relations humaines qui sont au cœur de ces services. À cela s'ajoute aussi le développement des réseaux qui peuvent en découler (par exemple, des communautés d'anciens élèves d'un professeur inspirant qui restent en contact autour d'un sujet qu'ils ont appris à aimer).

Je ne suis pas la première à faire le constat de la relative dégradation de la qualité des relations humaines dans les services provoquée par la généralisation des méthodes tayloristes. C'est tout le sujet du livre de la Britannique Hilary Cottam, autrice et entrepreneuse sociale, intitulé *Radical Help*[1]. La première partie de son livre est une histoire éclairante de l'État-providence. Elle explique comment, après la guerre, le système mis en place au Royaume-Uni par les travaillistes, inspiré par William Beveridge[2],

1. Le titre complet de l'ouvrage (non traduit en français) est *Radical Help: How we can remake the relationships between us and revolutionize the welfare state*, Londres, Virago Press, 2018.

2. William Beveridge (1879-1963) était un économiste et homme politique britannique, directeur de la London School of Economics. Il est célèbre pour avoir écrit un rapport parlementaire en 1942 qui a jeté les bases de ce qui sera l'État-providence britannique instauré par les travaillistes.

était « révolutionnaire » et a contribué à sortir des milliers de gens de la pauvreté.

Mais ce système, né dans l'économie de masse du siècle dernier, est aujourd'hui en décalage avec les nouveaux risques et les possibilités liés à l'économie numérique. Nous sommes confrontés à des défis inédits que le système ignore. Par ailleurs, il existe de nouvelles ressources que ce système dépassé ne sait pas mettre en valeur. Beveridge était de son temps : la protection sociale et les services publics qu'il avait imaginés empruntaient à l'organisation scientifique du travail qui faisait ses preuves dans l'industrie automobile. Beveridge a cherché à répliquer le paradigme productiviste dans les services publics.

Ce productivisme s'est appuyé sur ce que Cottam appelle une approche « transactionnelle » de la protection sociale. Et elle a été mise en œuvre par ce qui est devenu une gigantesque bureaucratie. Pour rendre les services de l'État-providence plus accessibles – c'est-à-dire pour les « massifier » –, il a fallu les standardiser : former les fonctionnaires de la même manière, leur faire répliquer des méthodes identiques et faire passer tous les usagers sous la même toise. La standardisation des services, comme la division des tâches à l'usine, a permis de faire baisser le coût unitaire de production. C'est comme ça qu'on a pu éduquer, soigner et aider plus de monde. Mais en échange de la démocratisation des services, il fallait renoncer à les personnaliser et à tabler sur la relation singulière qui s'établit entre les individus quand ce service est rendu.

Pour Hilary Cottam, le fait d'avoir nié l'importance de ces relations singulières est le « vice » originel du système inspiré par Beveridge. Or corriger cette erreur est précisément ce qui peut nous permettre de réinventer la protection sociale pour qu'elle soit plus en phase avec le monde d'aujourd'hui. La transition numérique a transformé les manières de produire. On peut désormais personnaliser plus facilement les services grâce aux technologies numériques. On peut s'appuyer sur l'analyse des données pour les améliorer en continu. Surtout, on peut donner plus d'importance aux individus et aux relations qu'ils nouent entre eux et soutenir le développement de nouvelles communautés.

Renforcer le lien social

Le système d'hier impliquait que les gens soient passifs. Celui de demain pourrait mieux valoriser leur participation active et leur singularité. La focalisation sur la relation transactionnelle a coupé les individus les uns des autres et a affaibli le lien social. Pour Hilary Cottam, il s'agit de corriger le « vice originel » du système, s'inspirer des grands principes du design pour mieux prendre en compte toutes les relations humaines, celles avec les acteurs de la protection sociale, mais aussi celles liées à la famille, aux amis et au voisinage. « Le lien humain est au cœur de ma méthode de travail. Alors que la période actuelle ne fait que gérer la rareté, nous constatons au contraire que développer les capacités des relations peut apporter des changements radicaux qui nous redonnent une logique d'abondance », explique-t-elle[1].

Un exemple concret de cette idée concerne les services médicaux. Beaucoup de soins infirmiers, à domicile ou dans les hôpitaux, sont aujourd'hui effectués de manière « tayloriste » : on considère que n'importe quel professionnel peut gérer un « dossier » pourvu que cela soit rapide et productif. Au passage, on passe à côté de l'effet multiplicateur de la relation de soin – et bien que, dans ce cas de figure, ce dernier soit notamment curateur. De plus en plus, les relations entretenues avec un « médecin de famille » déclinent au profit d'une approche plus transactionnelle et anonymisée de la médecine. Mais ces dernières années, quelques modèles alternatifs innovants vont dans le sens d'Hilary Cottam.

Un de ces modèles alternatifs a été popularisé par Frédéric Laloux dans *Reinventing Organizations*[2], un ouvrage qui met en avant le modèle managérial « libéré » où les individus sont plus autonomes

1. Si ma présentation peut sembler abstraite, celle d'Hilary Cottam dans *Radical Help* s'appuie en revanche sur des cas pratiques de terrain qui concernent des personnes au chômage, des personnes âgées isolées ou encore des jeunes précaires. Pour chaque problème social auquel elle s'est attaquée, elle a formé une « cellule » locale composée d'acteurs de différents services de l'administration, d'acteurs privés locaux et des familles elles-mêmes.

2. *Reinventing Organizations : Vers des communautés de travail inspirées* (en anglais, *A Guide to Creating Organizations Inspired by the Next Stage of Human Consciousness*), publié en 2017 en France aux éditions Diateino, est pour moi l'ouvrage le plus inspirant et passionnant sur l'évolution des modèles organisationnels.

– mais pas moins collectifs – dans leur travail. Il s'agit de celui proposé par l'entreprise Buurtzorg. Cette organisation créée en 2006 aux Pays-Bas entend « libérer » les soins infirmiers à domicile des contraintes tayloristes. Son fondateur, Jos De Blok, infirmier de formation, est parti de l'observation des dégâts causés par l'OST appliquée aux soins infirmiers sur les patients et les professionnels. Les premiers doivent se contenter de soins minutés sans personnalisation et sans suivi. Les seconds doivent supporter des cadences infernales et un sentiment de perte de sens au travail.

Pour De Blok, ce modèle conçu pour l'efficacité est paradoxalement inefficace car l'absentéisme est important, les services de support coûteux et les usagers, globalement insatisfaits. Il a lancé Buurtzorg[1] parce qu'il était convaincu qu'on pouvait faire mieux pour pas plus cher en réorganisant complètement le travail et en misant sur les relations humaines. Si De Blok ne parle pas d'« effet multiplicateur », son modèle est pourtant tourné vers la maximisation de cet effet. Son organisation entend répondre aussi bien aux besoins des patients qu'à ceux des soignants.

Travaillant en autogestion, de manière responsable et autonome, ces derniers décident par eux-mêmes comment faire leur travail, selon le principe « c'est celui qui fait qui sait ». Sans surprise, ils préfèrent nouer des relations avec leurs patients

1. *Buurt* signifie « le quartier », et *Zorg,* « soins », donc le nom peut être traduit par « Soins de proximité », ce qui arrange bien mon propos.

sur la durée, ne pas se chronométrer et discuter plus longuement avec eux. Buurtzorg apporte donc un accompagnement plus personnalisé aux patients, qui tient compte des situations de chacun. L'approche « transactionnelle » est remplacée par une approche « relationnelle ». De manière étonnante, non seulement les soins sont de meilleure qualité et les patients comme les soignants sont plus heureux, mais le système est également plus « productif » ! En effet, les plus grandes autonomie et responsabilité accordées aux travailleurs permettent de faire l'économie d'une partie des coûts de gestion et de management.

Mais l'approche « transactionnelle » de la protection sociale et des services publics héritée du siècle dernier n'est pas le seul problème. Ce qu'il faut rappeler, c'est que le système a été créé pour un modèle familial, culturel et démographique qui a profondément changé depuis. En bref, il a été conçu sur le modèle papa-travaille-maman-reste-à-la-maison, à une époque où la pyramide des âges avait vraiment la forme d'une pyramide et l'espérance de vie correspondait à peu près à l'âge de la retraite. Aujourd'hui, beaucoup de nouveaux précaires passent entre les mailles du filet, parmi eux, beaucoup de femmes et de mères célibataires.

Intégrer pour de bon les femmes dans l'équation économique

Le fait que des pans entiers de la population se trouvent peu ou mal protégés par notre système de protection sociale n'est pas bon pour la productivité globale du pays ! Le système d'hier reposait sur le soutien féminin (gratuit ou peu payé) à la productivité masculine, il est aujourd'hui en décalage avec une réalité qui a beaucoup évolué : pour les femmes seules, les mères célibataires, et même les couples à deux carrières, la protection sociale et les services publics sont au moins partiellement inadaptés à leurs besoins et leur productivité en souffre forcément.

Par exemple, les services publics de la petite enfance sont insuffisants pour les mères célibataires. La garde d'enfant reste encore trop coûteuse pour elles et son amplitude horaire insuffisante. On peut ajouter que, dans une économie numérique où la formation est essentielle, notre système scolaire se contente de reproduire les privilèges des plus favorisés et la formation continue de cibler essentiellement les plus diplômés.

Les chercheurs Bruno Palier et Clément Carbonnier, dans leur livre *Les Femmes, les jeunes et les enfants d'abord* (PUF, 2022), appellent de leurs vœux un « investissement social » massif qui permettrait de débloquer les réservoirs de productivité de notre pays : « C'est vers des services d'investissement social qu'il faut orienter la protection sociale, et ainsi, proposer la mise en œuvre d'un accès universel garanti aux crèches, aux services de prise en charge de la perte d'autonomie, à l'éducation de la réussite pour toutes et tous et à la formation tout au long de la vie. » Ils ajoutent : « D'un point de vue social et collectif, il semble particulièrement inadapté de disqualifier comme "non productifs" les emplois de services aux personnes, et les emplois de soins de santé et d'éducation. De nombreux travaux ont en effet montré que ces emplois d'investissement social, pour autant qu'ils soient eux-mêmes des emplois de qualité, contribuent à la productivité globale de l'économie. »

Concrètement, intégrer les femmes dans l'équation économique – et augmenter ainsi la productivité de tout le pays –, cela pourrait passer par toute une série de mesures et programmes nouveaux comme l'accès garanti, universel et gratuit à la garde des enfants dès la fin du congé parental (dans des crèches ou chez des assistantes maternelles), le congé second parent rémunéré, obligatoire et à égalité avec celui de la mère, mais aussi des infrastructures et programmes « anciens » qu'il s'agirait de renforcer : l'accès aux soins de qualité *via* notre sécurité sociale, les infrastructures de transports publics denses, sûrs et rapides, ainsi que tout ce qui faciliterait la vie des aidants, des soignants et des parents, dont les femmes forment le gros des troupes. Ces idées sont souvent présentées comme « utopiques » et on en dénonce le coût « irréaliste ». Pourtant, si on savait mesurer la productivité de manière plus juste et réaliste, on y verrait du simple bon sens économique et écologique.

EN GUISE DE CONCLUSION

À titre personnel, j'ai longtemps été droguée à la productivité. Je ne m'en vante plus, mais il m'arrive encore de soulager mon anxiété en couchant des listes de tâches sur le papier. À mesure que je vieillis et que mes enfants grandissent, j'apprends peu à peu à accepter mes limites et à ne plus faire de mon temps et de mon corps des instruments au service d'objectifs lointains. J'essaye d'*être* dans le temps plutôt que de m'imaginer *avoir* du temps. Avec cet ouvrage, je voudrais vous inviter vous aussi à recouvrer des espaces de non-productivité dans votre vie.

J'ai écrit ce livre après deux années de pandémie qui ont fortement questionné notre rapport au travail. Des États-Unis à la Chine en passant par l'Europe, on s'est mis à refuser en masse les exigences productivistes de notre économie. *À quoi bon travailler autant ? Pourquoi être productif si on est malheureux ?* À partir de 2020, pour protester contre le surtravail, la jeunesse chinoise s'est mise à « s'allonger » pour dire non à la productivité. Appelé *Tang Ping,* ce mouvement de résistance a eu une influence dans le monde entier. *Ne peut-on pas remettre la production au service du bien-être des humains (plutôt que l'inverse) ?*, semblent demander ces Chinois révoltés.

Ce n'est pas seulement le renversement *télique* (les humains au service de la production plutôt que l'inverse) que l'on remet en cause aujourd'hui, c'est la répartition inégalitaire des richesses qui s'aggrave depuis près d'un demi-siècle. À ce titre, ma critique féministe de la productivité s'attaque à un sujet relativement peu traité par les économistes : le lien entre la logique productiviste et les inégalités de genre.

Comme Atlas, le titan de la mythologie grecque condamné à porter le monde pour l'éternité sur ses épaules, les femmes portent la productivité de tous sur leurs épaules sans en recevoir les fruits. Lestées des charges mentale et émotionnelle de leur foyer, du labeur gratuit de « reproduction » de la force de travail, elles n'ont pas de « chambre à soi » pour valoriser leur apport économique. Et la productivité en tant qu'indicateur phare de l'économie est utilisée comme une arme redoutable pour les dévaloriser : dans les activités où elles sont les plus nombreuses (le soin aux autres, l'éducation, les services en général), la productivité est réputée « faible », comme le « sexe faible ». *Mais c'est parce que vous ne mesurez pas ce qu'il faut ! Vos indicateurs sont biaisés !*

Bien sûr, ma critique féministe de la productivité est une critique humaniste. Elle nous concerne toutes et tous, ne serait-ce qu'au regard de l'urgence écologique qui nous menace et est la conséquence directe du règne de la productivité. Là où les femmes sont asservies, souvent, les hommes ne sont pas complètement libres non plus. S'ils étaient libérés de la contrainte d'être les principaux piliers « productifs » des foyers, les pères seraient libres de passer plus de temps à aimer leurs enfants. Si la productivité (et la créativité) étai(en)t plus inclusive(s), on saurait mieux valoriser le soin, l'entretien, la transmission et la maintenance... et on ouvrirait de nouvelles perspectives de vie et de travail pour les hommes aussi. Il est grand temps de mettre du féminin dans l'universel, non ?

J'ai regardé la productivité sous toutes les coutures et j'en suis ressortie avec la conviction qu'il fallait en finir avec le modèle productiviste hérité tout droit de la Révolution industrielle, afin de refonder une productivité qui n'aurait plus grand-chose à voir avec les seules mesure et valorisation financière de notre activité – que j'ai choisi d'appeler « écoféministe » : la productivité humaine – et avec elle la croissance économique – doit davantage se tourner vers notre capacité à entretenir nos liens – avec nos semblables comme avec notre environnement. Tout le monde s'en portera mieux : pas seulement les femmes, mais bien tous les humains.

REMERCIEMENTS

Merci à Béatrice et Ferdinand, mes enfants, qui me font prédire qu'on n'a pas fini de remettre en question les diktats du genre.

Merci à mon conjoint, Nicolas Colin, et toutes ces années de discussions passionnantes qui m'ont appris à mieux argumenter et mieux écrire.

Merci à Laure-Hélène Accaoui de Payot pour l'idée d'écrire ce livre et pour son accompagnement et son soutien si remarquables.

Merci à mes chères « collègues » de Welcome to the Jungle, Mélissa Darré, Héloïse de Montety et Ariane Picoche, avec qui j'ai tant de plaisir à explorer toujours plus la perspective féministe sur le travail.

Merci à Marie-Anne Decaux, Anne-Laure Fournier, Sibylle Lemaire, Valérie Lion et Nathalie Rousseau avec qui nous développons ViveS Media.

Merci à Yohann Herson, Julie Huguet, Adrien Saura et la jolie équipe des « Cafés freelance » qui a si bien compris que la productivité est forcément collective.

Merci à mon ami Samuel Durand, qui rend le futur du travail si optimiste et désirable, et à mon amie Hind Elidrissi qui m'a fait comprendre tant de choses sur la protection sociale.

Merci à Bruno Palier pour ses écrits inspirants et les échanges que nous avons eus sur la productivité dans les services de proximité.

Merci à Agnès Alazard, Annabelle Bignon, Laureline Dargery de Maria Schools.

Merci à Céline Alix, Anne-Cécile Sarfati, Elise Fabing, Clara Moley, Lucile Quillet, Maïmonatou Mar, Sarah Zitouni, Toni Cowan-Brown, Sorcha Rochford, Pauline Rochart, Laura Lesueur, Claire Flury, Anne-Laure Baratin et toutes celles et ceux qui ont nourri de nombreuses discussions féministes.

TABLE

DEUXIÈME PARTIE

La productivité toute-puissante et virile

TROISIÈME PARTIE

La catastrophique
application du paradigme productiviste
dans les services

QUATRIÈME PARTIE

La productivité appliquée à l'individu : le grand malentendu

CINQUIÈME PARTIE

Quel avenir pour la productivité ?

pcacmb
édition pré-presse
livres numériques

44400 Rezé

IMPRIM'VERT®

Achevé d'imprimer
en mars 2022
par Corlet Imprimeur
14110 Condé-en-Normandie

Dépôt légal : mars 2022
N° d'Imprimeur : 21120953
Imprimé en France